宗教的40堂公開課

無論你是否擁有信仰，都可以用宗教解答人類對自身和宇宙的疑惑

A LITTLE HISTORY OF RELIGION

RICHARD HOLLOWAY

理查・哈洛威——著　林金源、廖綉玉——譯

目錄

· 1 ·

有誰在？

宗教是什麼？它源自哪裡？宗教源自人類的心靈，因此它來自於我們。地球上的動物們似乎不需要宗教，據我們所知，牠們沒發展出任何宗教，因為牠們比我們更能與生活融為一體，憑著本能行動順應生活，而未曾時時刻刻加以思考。但是，人類已經失去這種能力，大腦的發展讓我們擁有自我意識，我們對自身感到興趣，忍不住對事物好奇，忍不住去**思考**。

我們所思考最宏大的事物，就是宇宙及其起源。有誰創造了宇宙？我們將這個可能的「誰」或事物簡稱為「神」，亦即希臘文的「theos」。那些認為神存在的人，被稱為**有神論者**，而那些認為神不存在，主張人類是獨力存在於宇宙的人，則被稱為**無神論者**。關於神及祂對凡人有什麼期許等相關研究，稱為**神學**。我們忍不住對自己的另一個大哉問是死後的遭遇：在我們死亡之後，究竟是純粹的死亡，或者將會發生其他的事？如果會發生別的事情，那會是什麼樣的事？

我們所稱的宗教，是人類首度嘗試回答這些問題的結果。宗教對第一個問題的回答很簡單：宇宙是由一種超越宇宙的力量所創造，有些人將這種力量稱為「神」，這種力量持續引起人們的興趣，並繼續參與它所創造的一切。

關於被稱為「神」的這種力量，以及祂對凡人有何期許，各種宗教都提供了不同版本的說法，但無不相信祂以某種形式存在。宗教告訴我們，宇宙裡不單只有我們，還有其他的真實及維度，亦即所謂的「超自然」，它超出了自然世界（人類感官可立即感知的世界）的範圍。

如果說，宗教最重要的教義，是存在著一種超脫塵俗世界的真實，也就是我們所稱的「神」，那麼，是什麼促成了這種教義？它是從何時開始的？它開始於許久之前。事實上，每個時代的人們似乎都相信這個世界以外有超自然世界的存在，而人們想知道自己死後的遭遇，這可能是這類教義的開端。所有動物都會死亡，但人類不同，人類不會讓死者在死亡地點兀自腐爛。我們追尋到最早的遺跡顯示，人類似乎一直有為死者舉行葬禮的習慣，他們規畫葬禮的方式，說明了最初信仰的一些觀念。

當然，這不表示其他動物不會哀悼同伴的死亡——大量證據表明許多動物都會這麼做。愛丁堡有座著名的小狗雕像名為「忠犬巴比雕像」（Greyfriars Bobby），它證明了當動物失去了牠們所喜愛的人，也會感到悲傷：巴比躺在已故主人格雷（John Gray）的墳上度過了生命的最後十四年，最終於一八七二年死亡。巴比無疑很想念他的主人同伴，但為格雷舉行適當的葬禮、讓他安息於灰衣修士教堂墓地的，是他的家人。這個為家人舉行的葬禮，表現出人類獨特的行為。因此，是什麼促使人類開始埋葬死者？

我們注意到，成為死者最明顯的一個特徵，是他們身上曾發生的事已經不再發生：他們不再呼吸了。這個觀念將呼吸與體內某個賦予肉體生命、卻與肉體不同的東西聯結在一起。這個東西就是**靈魂**。靈魂的希臘文為「psyche」，拉丁文為「spiritus」，兩個字都源於「呼吸」這個動詞。靈魂讓肉體能夠存活與呼吸，它在肉體之中存在了一段時間，一旦肉體死亡，它就離開了。不過，它去了哪裡？一種解釋是，它回到了超脫塵俗的世界，亦即靈魂世界，也就是我們居住世界的另一面。

我們發現早期葬禮儀式支持了這個觀點，儘管人類遠祖留下的是未言明想法的遺跡；當時文字尚未發明，因此他們無法留下明確的意思，也無法以我們如今可以閱讀的形式來描述信仰。不過，他們確實為我們留下某些線索。既然如此，我們不妨仔細探究一番。為了找到那些線索，我們必須追溯到西元前數千年，在進行之前，得先解釋「西元前」一詞。

發明一種世界曆法來註記過往事件發生的時間，是件很合理的事。我們現今所使用的曆法是基督教在西元六世紀設計而成，這顯示了宗教如何影響我們的歷史。數千年來，天主教權傾一時，影響力甚至大到決定了我們這個世界目前使用的曆法，關鍵事件是它的創始人耶穌基督的誕生。耶穌的誕生是西元（又稱「基督紀元」）元年，耶穌基督誕生之前所發生的事屬於西元前（Before Christ，BC），而耶穌誕生之後發生的事，屬於西元（anno Domini，AD）。

在我們的時代，以「BCE」與「CE」取代「西元前」與「西元」，這些術語能以帶有宗教色彩或不帶宗教色彩的方式來加以詮釋：BCE可代表基督紀元前，而CE可代表基督紀元。或者，BCE可代表西元前，CE可代表西元。你可以自由選擇要如何去理解這些術語。我將在本書使用BCE來註記耶穌基督誕生前或西元前發生的事件年分，但為了避免讓內容變得混亂，我會謹慎使用CE，而且只在我認為必要時才使用。如此一來，當你看到一個年分，就能知道它發生在基督紀元或西元。

・ 2 ・

門

假如你在西元前一三〇〇年某個早晨，發現自己置身於埃及的西奈沙漠，你可能會偶遇一位長著大鬍子的男人，赤腳跪在荊棘叢前。你看著他專注聆聽著灌木叢，然後對它說話，接著再度聆聽。最後這個人站了起來，帶著下定決心的神情大步離開。

這個男人叫摩西，他是宗教史上的著名先知，也是猶太教的創始者。他的故事描述神在這一天從燃燒的灌木叢對他說話，命令他帶領一群奴隸離開埃及，進入自由的應許之地巴勒斯坦。

對於你這個觀察者而言，灌木叢並非燒而不燬，而是長滿了紅色的漿果，因此這個灌木叢看起來紅豔似火。此外，雖然你注意到摩西專注地聆聽些什麼，你卻聽不到那些聲音，儘管你聽得到他回答。然而，你對這些事並不特別感到驚訝，因為你的小妹妹也會很起勁地跟洋娃娃聊天，而你小堂弟還會跟幻想出來的朋友說話。對他來說，這個朋友跟他的爸媽一樣是真實存在的。你可能也聽過精神病患會跟隱形的聆聽者熱切交談，所以你很習慣有人能聽到某些別人所聽不見的聲音。

然而，我們暫時不談摩西，先想想這位對他說話的隱形者。請在心中放入一個概念：有一個超越時空、而且能與人直接交流的無形東西，是真實存在的。一旦你理解這種想法，就會理解宗教的核心概念。宇宙間有一種力量，超越了人類感官所能接收的範圍，

它讓特殊的人知道它的存在，並透過這些人傳遞訊息。目前，我們不需要贊同或反對這種說法，只是要試著弄清楚。**有一種我們稱之為「神」的無形力量，一直與我們保持聯繫！**事情是這麼聲稱的。探尋這段歷史，我們知道不同宗教對這種聲稱，及它所試圖傳達的訊息，有著不同說法，但多數宗教都認為它的存在理所當然。而且，各種宗教的信仰形式就是對這個力量存在的最佳回應。

現在回頭聊聊摩西，想想他在沙漠裡的遭遇。對你來說，灌木叢既沒有燃燒，你也聽不到灌木叢裡傳來神的聲音。那麼，摩西怎麼會感覺到熾熱的火焰，並且非常專注地聆聽那個對他下達命令的聲音，還奉命行事？這些事是否只發生在他的腦中？那正是你看不到發生什麼事的原因嗎？或者，他的心靈是否可能接觸到另一個你無法觸及、也無法理解的心靈？如果宗教起源於先知及聖哲的心靈體驗，如果你想給宗教一個公平的申辯機會，而不僅將之視為幻想，那麼，你必須思考，是否有人能接觸到其他人聽不到也看不見的真實。

一種可能的解釋是，我們的大腦在兩個不同的層次運作，就像一個有地下室或地窖的公寓一樓。我們做夢時會體驗到其中的差異：白天，有意識的大腦清醒地待在一樓，過著規律有序的生活。但當夜裡我們熄燈準備入睡，地窖的門打開了。做夢的大腦充滿了混亂的碎片，那是我們未曾說出口的欲望，以及被遺忘的恐懼。因此，如果先不談「宇宙是否不僅是肉眼所見」的問題，至少可以承認，我們擁有的經驗，不僅是清醒時有意識的生活。人腦有個被稱為「潛意識」的地下室，在我們睡著時，地下室的門被開啟，我們稱為「夢境」的影像和聲音便源源不絕傳遞出來。

宗教史上，我們發現有些人會在清醒時經歷他人在夢中的遭遇，我們稱這類人為「先知」或「夢想家」。當然，也可以將他們視為擁有創造力的藝術家。不過這些人並非將他們所見的異象注入畫作或小說之中，而被迫將之轉化為能夠說服數百萬人相信的訊息。摩西就是這種神秘活動的案例，某個事物從某地與他產生了連結，而且因為這個連結，猶太人的歷史永遠被改變了。不過，那個東西是什麼？它來自哪裡？它位於他的內在？或者位於外界？還是它同時存在於他的內外？

我以摩西在西奈半島發生的事為例，並運用「意識與潛意識之間的門」這個比喻來幫助讀者理解。請容我提出三種不同的方式來理解宗教經驗。

在第一種情況是，潛意識與意識之間的門被打開了，接下來發生的事，就像一場夢。先知相信它來自外界，但其實來自於他們的潛意識。他們聽到的聲音很真實，其實那是來自他們自己內心的聲音，這就是其他人聽不到聲音的原因。或者，可能是兩扇門在預言的經驗裡被打開了。潛意識或睡夢中的心靈可能接觸到了一個超自然的世界。如果另一種真實或心靈之外的心靈確實存在，那麼，它可能會試著聯繫我們。經歷天啟的先知們遇到了另一種真實，而那個心靈對著他們的心靈說話，然後先知們把這些話語告訴世人。

「一門理論」與「雙門理論」有個中間點。沒錯，人類潛意識可能有兩扇門，人類心靈能夠真正與那裡的事物相遇。不過，我們知道人們在理解別人的心靈時，多半不太可靠，因此當人們聲稱遭遇神靈，我們必須謹慎以對。或許人類的潛意識可能有兩扇門，但通往另一世界的門不可能完全開啟，因此，我們無法確認先知聲稱的所見所聞是否為真。姑且讓我們繼續利用「門」的比喻，再度審視摩西在沙漠中發生的事，以及它所代表接觸宗教的三種方式。

如果你採用「一門」的方法，那麼摩西的夢想無疑讓他產生了力量與決心，使他成為帶領族人擺脫埃及奴役統治的解放者。我們在後續的章節會仔細探究這個故事。這是真實的經驗，它確實發生，但完全來自於他的潛意識。

有個比喻可以說明這種接近宗教的方式。我小時候很喜歡老電影院，那時影片是印在賽璐珞膠卷上，從電影院後方樓上的小房間將影像投影到對面的銀幕。我們在座位上看到的畫面就在眼前，其實來自於後方的機器。思考宗教的方法之一，就是將之視為潛意識中的恐懼及渴望，被投影到生命的銀幕上。宗教似乎就在那兒，有它自己的生命，其實它來自想像力的深處，完全是人類自身的產物。

你可以就此打住，或者接受上述內容，**並**跨越「第二扇門」的概念。如果不改變宗教經驗中人性面的細節，我們也可能相信它的確來自神。我們聽不到摩西聽到的聲音，因為那是神的心靈與摩西的心靈在直接交流。我們看不見也聽不見那場相遇，但那的確是與另一種真實的相遇。我們無法理解那個事件，但確實看到了結果。

「第二扇門」的概念可以進一步的轉變。我們知道人類很容易誤解與他人日常相遇的經驗，因此對於別人聲稱遇見了神，我們應該抱持著謹慎態度，並以懷疑及謙虛的態度應對。這意味著，我們應該將批判能力應用於宗教主張，而非對別人的自我評價照單全收。因此，你可以不信宗教，也可以虔誠信教，更可以當個有批判能力的信徒。當你思考這些問題，可能會發現自己隨著歲月改變了立場。我邀請你自行決定解讀故事的最佳方式。當然，你也可以讀到本書的最後一頁，仍然不做決定，甚至打定主意不下定論——這個立場稱為「不可知論」，希臘語意為「無法知道」。

到目前為止，我們一直籠統地思索宗教，是時候具體研究各個宗教了。然而，要從哪個宗教著手？或者，我們該按照什麼順序來進行了解？這是個有趣的問題。宗教史與科學史或哲學史不同，按照時間順序來研究是行不通的，因為不同的地方同時發生了許多事，我們不能遵循發展的時間線，而得按時間順序與地理位置，做出相應的理解。這種方式的優點是，它將向我們展示人類一開始對自己提出的大哉問，你會發現，不同宗教給予的答案截然不同。好比說，常被問到的問題是：「這個世界上，有上帝存在嗎？我們死亡後會發生什麼事？」然而，答案非常多元，這正是宗教史如此迷人的原因。

幸好，我們的旅程似乎有個顯而易見的起點，它必定與現存最古老、而且從許多方面來說最複雜的宗教印度教有關。因此，我們就從印度開始。

· 3 ·

輪迴

科幻小說的流行主題之一是這種英雄：他會回到過去，改變那些對人類歷史造成嚴重後果的事件。故事的開頭，一列火車沿著鐵軌飛馳，車上有一位瘋狂炸彈客。在火車駛經一座巨大水壩時，炸彈客炸毀了火車，引發洪水淹沒了整個城市。幸好，政府的秘密部門研發了一種把人送回過去時空的方式，並讓身為英雄的特務得以在火車離站前搭上了火車，讓他有兩個小時的時間找出炸彈客，拆除炸彈。這個特務及時完成任務，拯救了城市。

我們多數人都希望能回到過去，刪掉某條訊息，或克制一時的衝動，以免傷害別人，或讓自己不快樂。不過，一切都是因果法則說了算，種什麼因，得什麼果——我們無法擺脫所作所為的結果。

印度教稱上述的因果關係為「**業報**」或行為法則，但它涉及的範圍，可不僅僅是你的這一輩子。根據印度教的教義，你的靈魂在進入今世之前已經輪迴了許多世，這一世結束後，未來你還將經歷許多世。每一世都取決於你在前世的行為，並追溯至朦朧模糊的遠古，而你這一世的行為方式，會影響輪迴的下一世。

當印度的先知聖哲遙望遠方，想知道人們死後發生了什麼事，他們得到一個了不起的答案：人們並未死亡。人們並非完全不復存在，而是繼續邁入來生。對，他們靠著業力所決定的另一種生命形式，再次重回塵世，而且可能不是轉世為人類。整個存在體系就是一座巨大的回收工廠，穿過死亡之門的生命素質，影響了靈魂穿過另一側重生之門後的狀態。這間工廠名為「samsāra」（意為「漫遊」），因為靈魂被運送穿越此處，成為下一個生命形式。無論是好是壞，他們此生的一舉一動都影響了下一世的品質。此外，受困於輪迴的不僅是人類，整個世界也受到相同的死亡與重生法則所限制，當目前的存在週期結束，它將陷入靜止狀態，等到時機成熟，它會受到召喚，再次恢復存在，因此存在之輪轉了又轉。

不過，他們不認為「業報」是某個超自然的靈魂督察員所設計的懲罰。「業報」是一種類似引力的自然法則，某件事引發了另一件事，就像原因導致了結果；就像輕輕推倒一張骨牌，然後看著其他骨牌倒下。靈魂在輪迴中漫遊，可能經歷多達八百萬次的轉世，最終才達到「解脫」，也就是擺脫輪迴，全心投入永恆，就像落入大海的雨滴。至於如何擺脫無盡的生命輪迴，獲得解脫，則是印度教的最終目的。

描述死後發生之事，有個專門用語叫「轉世」，許多人都相信轉世，但印度教最相信這件事。我用來定義印度教的所有術語皆來自古老的梵文，包括業報、行為法則、輪迴，以及為求解脫的「靈魂漫遊」。當時來自北方的粗野入侵者將梵文帶入了印度，正因為他們在約西元前二〇〇〇年突然進入印度，我們才能確定印度教開始的時間。

印度北部有一片綿延的草原，稱為中亞草原，這是未經開墾的大草原地區，非常適合那些擅於騎術的牧牛者。他們隨著放牧的牛群移動，持續尋找最佳牧場。由於種種我們不太知道的原因，接近西元前二〇〇〇年時，這些人離開了草原，去尋求更好的生活。其中一群人騎馬南下進入印度，自稱為「同胞」，或其語言所稱的「雅利安人」。他們非常好戰，駕著快速行進的戰車，一批批闖進這塊次大陸西北角的印度河流域。

當地早已存在著複雜的文明、先進的藝術、建築和宗教制度，具備了一個發達社會的特點。這些雅利安入侵者進入這個地區和文化，無疑補足了當地人在精緻文明之外所欠缺的活力與勇氣。要區分入侵者與本地人的要素之一，是雅利安人膚色較白。膚色差異代表了許多含意，歷經數千年之後，這點造成不小的影響，為「雅利安」一詞帶來了負面的意思。不過，入侵者不僅將淺膚色帶進印度，還帶來了神靈及非凡的宗教文學《吠陀》的一部分。

書面形式的《吠陀》寫於西元前一二〇〇至一〇〇〇一千年間，當時雅利安人已經在印度紮根，主宰印度人的生活。《吠陀》被稱為「須魯提」（Shruti），亦即聽見的事物。人們從兩種迥異卻相關的意義來理解《吠陀》，最初是由過去的聖哲聽出要旨，並等待另一個世界向他們揭示存在的意義。

這些聖哲是最初的一批聽眾，是聆聽那些聲音的人。他們反覆為門徒講述他們所聽見的內容，而門徒則一次次聆聽，《吠陀》就藉由這種方式，流傳了數千年。至今，人們仍偏好藉由朗讀來學習《吠陀》這套經典，因此你不會在印度教寺廟找到某種《聖經》或《古蘭經》，但會在廟裡的儀式中聽到人們講述類似的內容。

吠陀意為「知識」，這個詞彙與英語「才智」（wit）及智慧（wisdom）擁有相同的字根。《吠陀》共有四部經典，包括《梨俱吠陀》、《夜柔吠陀》、《娑摩吠陀》和《阿闥婆吠陀》，每部包含了四個部分：《吠陀本集》、《梵書》、《森林書》、《奧義書》。以下簡短說明。

《梨俱吠陀》是四部吠陀經中最古老的一部，包含一千多首讚頌諸神的讚美詩，這種活動在宗教上稱為「敬拜」，我們可以把它想成是強大的統治者應該享有的恭維之語，類似英國女王被尊稱為「陛下」，而人們遇到女王時應該鞠躬或行屈膝禮。以下是《梨俱吠陀》的例子：

> 萬物創造者、超智者、超能者

你知道的，就是過度恭維。人間的君主喜歡收到禮物，喜歡受到讚美，神靈也一樣。如果讚美詩是我們奉獻給神靈的恭維，那麼祭品就是伴隨的禮物。祭品必須透過慎重的儀式來敬獻，這些儀式由熟練的專業人員執行。在印度教傳統，執行祭祀的祭司稱為「婆羅門」，而他們編寫的使用說明書則稱《梵書》。

對多數人來說，這種使用手冊有些無聊，但篤信宗教的人可能對它們深感興趣。在我年輕求學時期，我想成為一名神父，當時不同基督宗教傳統的儀式與禮儀指南就深深令我著迷。《描述羅馬禮的儀式》（*The Cer emonies of the Roman Rite Described*）是一本有如門前臺階的大部頭著作，而英國國教版本的《禮儀註解》（*Ritual Notes*）則相形失色。我曾興奮地翻閱這兩本書籍，想像成群的主教列隊緩緩走進瀰漫薰香的寬敞大教堂。這些書是天主教的「《梵書》」，但喜愛盛裝打扮與執行複雜儀式的可不僅是神職人員，許多私人俱樂部和學生兄弟會都有各自的秘密傳統，說明了人們對於象徵之運用與儀式的需求。

如果你像我一樣，對宗教的內在信念比對其外部儀式更感興趣，那麼《吠陀》發展的最後階段應該會吸引你的注意。它出現在《奧義書》，這部著作花費了三百年書寫，於西元前三〇〇年完成。《奧義書》（意為「坐在導師旁邊」）將人們的興趣從印度教的展演或儀式層面，轉移到哲學與神學層面。我們在本章開頭所提及的教義「業力」與「輪迴」，就在《奧義書》的內容之中。

我們將在下一章探討這些獨特印度教教義的產生，以及它的詮釋方式，但我想以印度教來回應另一個宗教的大哉問，為本章劃下句點。我們已經看到印度教回答關於「死後會發生什麼事」的問題，《奧義書》的答案是值得注意的「轉世論」。至於宗教總是質問的另一個問題是，在宇宙以外的黑暗之中，到底存在著什麼（如果有的話）？其他宗教通常會說出回答這些問題的先知的姓名，並以他們的名字為該宗教命名。但印度教不是如此。印度教沒有以其姓名命名的創立者，也沒回顧某個人物作為啟發靈感的代表人物，印度教源自久遠歷史前的不知名夢想家，儘管這些早期夢想家湮沒無聞，卻留下了他們的話語。

《梨俱吠陀》開始回答宗教「那裡有什麼」的問題。為了聽到回答，我們必須想像自己在星光熠熠、北印度天空下的篝火旁，身旁有位不知名聖哲穿越了時間，來到世界的伊始與更遠之處。他全神貫注的凝視夜色，然後高聲吟誦：

彼時既無無，亦無有。既無天界，亦無其外的天空。
該物事於無風中自行呼吸，除此之外，別無他物。
諸神晚於這個世界形成的時間，那麼誰知道，這個世界最早出於何方？
他，此創造之初始，無論他是否創造一切，
他在最高天以眼控制此世界，他確實知道它，或者可能不知道！

他吟誦的內容令人訝異，他告訴我們，「諸神」是存在的，但祂們的出現「晚於這個世界形成的時間」，這意味著諸神就像我們一樣，是**被製造**出來的東西，也受制於時間之輪的運轉，會像我們一樣來來去去。不過，這位夢想家暗示，在一切物換星移的背後，有某個東西不曾改變，他稱為「那個東西」。彷彿歷史及其產物就像霧一樣，掩蓋並扭曲了一座大山的存在：那個東西！然而，那個東西到底是什麼？做為其代理者的諸神，又是何人？

· 4 ·

一化為多

有一天，你聽說自己最喜歡的作家來到鎮上發表作品。你前往她現身的書店，聆聽她朗讀新書，書裡充滿了你長久以來熟悉的角色，以及他們最新的冒險經歷。你問作家，這些角色都來自哪裡？他們是真實的人物嗎？他們存在於某個地方嗎？作家笑了出來：「他們只存在於我的想像中。」他們都是她虛構出來的角色，來自她的大腦，因此她可以隨心所欲控制他們。回家的路上，如果你忽然想到自己可能也不是真實的存在，那該怎麼辦？你想到自己可能是別人創造出來的產物，是別人想像出來的情節裡的角色，那該怎麼辦？如果真的發生這種事，那麼情況就好比書中某個人物開始意識到自己沒有獨立的人生，而僅是某位作家想像力的產物。

就像透過天啟的力量，印度聖哲忽然有了這個想法：他們並不真實！最終只有一個東西是真實的，那就是他們稱之為「梵」（Brahman）的普遍靈魂，而「梵」以多種形式表達或書寫自身。事實上，世上看似存在於殘酷現實中的一切，都是「梵」透過許多偽裝與形式而呈現的某個面向。就像《奧義書》所言，「它藏於所有的存在……所有存在之中的本質注視著一切作為，棲身於所有的存在，見證者、感知者、唯一者。」他們在梵之中，梵在他們之中！

《奧義書》的某個故事透過一段知名的話語，展現了與這個本體的緊密關係。一位父親對兒子說：「那是最精妙的本質，整個世界以其為靈魂。那是真實……那是你。」人們可能以為自己是個別單獨的存在，其實那只是一種幻想。他們都是在「梵」所呈現的故事情節裡一再出現的角色，至於他們在下一集的角色為何，則由其業力編寫。不僅個人的角色被編寫，就連社會階級或種姓的分類也會被編寫。每當一個人的靈魂重生，就會發現自己屬於某個群體，必須在其中過完那一輩子，直到下一次的死亡及輪迴。

既然不同種姓與膚色之間有著明確的關聯，因此我們必須記住，對那些將語言及宗教帶入印度河流域的入侵者雅利安人來說，膚色淺的他們可能看不起當地的深膚色種族。或許在雅利安人抵達之前，印度早已存在某種劃分不同等級的做法，但雅利安人找到了正當的理由，聲稱這是「無上實相」下令的安排，並以一部經典描述其起源。

話說「梵」將創造世界的任務委派給一位創造之神，他的名字是梵天。梵天創造了第一位男人摩奴（Manu）與第一位女人夏塔茹帕（Shatarupa），從而誕生出人類。然而，人類並非生而平等，四個種姓依照重要地位往下排列，階級最高的是婆羅門，他們是祭司與教師；接下來是剎帝利，包括了國王、貴族和戰士；接著是吠舍，他們是商人與工匠；底層是首陀羅，他們是僕人與農場工人。

婆羅門人膚色白皙，剎帝利膚色略帶紅色，吠舍的膚色呈淡黃色，首陀羅膚色是黑色。至於地位在他們之下的那個階級，他們所從事的工作，讓他們永遠得不到乾淨的待遇，例如清掃廁所或從事其他骯髒的工作，他們是「不可碰觸者」（又稱「賤民」），他們的影子會玷污他們所碰到的一切東西。這是個嚴格而僵化的體制，但人們非常相信業力與輪迴，好讓自己不那麼絕望。人們在業力決定的生命中徘徊，期望在這輩子透過好好生活，改善下次輪迴的地位。

然而，有著種姓、區隔和種種生命型態的世界，並非梵表達自身的唯一方式，它也創造了諸神，這些數以百萬計的神靈是不同型態的「無形者」，但我們必須留意對這些神靈的看法。表面上，印度教是所謂的**多神信仰**，但我們也可以精確描述它是一**神信仰**，因為人們認為這些神靈是神的不同面向，或說，表現形式。不過，就連「一神」的概念也不盡然正確，在印度教信仰中，在所有轉瞬度過一生和不停變化的虛幻角色（包括「神」）背後，都有個無上實相，那就是《奧義書》所謂的「那個東西」。這個信念被稱為一元論，意思是「一物主義」，而非「一神主義」。

由於並非每個人都能接受這個宏大的概念，因此就有了象徵「那個東西」的諸神形象，讓人們得以凝視與全神貫注。記住，符號代表一個宏大的概念，並讓我們與之連結。印度教有成千上萬的神與成千上萬的形象，所有形象都是為了將信徒的念頭帶領到

「一」，而透過這個「一」，萬物才得以形成。

如果你想看看印度教神靈長什麼模樣，那麼神廟就是尋找祂們的地方。讓我們進入一間神廟，走上臺階，踏進門廊，脫下鞋子，赤腳踏入其中。我們來到中央大廳，走上更多臺階，會發現另一端是居住著一位或多位神靈的神殿。印度的大型神廟充斥著神靈，但這座神廟只供奉三位神靈，不過祂們非常受歡迎，而且至關重要。

首先是一名跳舞男性神祇的雕像，祂擁有三個眼睛與四隻手臂，頭上流淌著印度最著名的恆河。另一位神祇有著魁梧的人類身材，以及大肚腩與象頭。不過，最讓人不安的發現，必定是這幅畫中的女性神祇，祂口吐長舌，長著四隻手臂，其中一手握著一把鋒利的劍，另一手抓著一個被斬斷的滴血頭顱。

那位有著三隻眼與四隻手臂的跳舞神是破壞神「濕婆」，而象頭神是葛內舍（Ganesh）。葛內舍是濕婆的其中一個兒子，祂的母親是帕爾瓦蒂女神（Parvati）。那位抓著頭顱的四臂女神，是濕婆的另一位妻子迦梨女神（Kali）。葛內舍長著大象的頭，原因是，某天祂的父親濕婆未能認出祂，於是砍下了祂的頭；濕婆意識到自己犯了錯，就向葛內舍承諾，會將遇到的第一隻動物的頭移植給祂，結果那是一頭大象。葛內舍是深受歡迎且平易近人的神祇，協助信徒接受生活帶來的挑戰，這與經歷不少苦難的祂非常相稱。

迦梨的故事就不那麼撫慰人心了。印度教諸神都是了不起的變形者，迦梨是母神眾多形態中的一種。迦梨在與邪惡戰鬥時，毀滅的刺激感讓祂興奮失控，因此祂屠殺了面前的一切。為了阻止迦梨所為，濕婆讓自己躺在祂的腳下；迦梨對濕婆的行為感到震驚，驚訝地伸出了舌頭。迦梨與葛內舍是生動的角色，但濕婆更為重要，在印度教的諸神之中，濕婆是三大主神裡最令人難忘的一位，另外兩位是我們已經認識的造物主梵天與守護神毗濕奴。

為了理解三大主神在印度教的職責，我們必須瞭解思考時間的兩種不同方式。西方思維認為時間像箭一樣朝目標發射，所以最適當的形象是這樣的直線「↓」，然而，印度思維則認為，時間像輪子一樣轉動，所以最適當的形象是這樣的圓圈「○」。就像業力推動著人們歷經一個又一個重生的循環，宇宙也受到類似的定律支配，目前的週期結束之後，它會逐漸消失於虛空之中，直到那個「一」開始讓時間之輪再度旋轉，而梵天會讓另一個宇宙生成。

梵天的責任在下一次時間之輪開始旋轉之後，就算完成了工作，然後由毗濕奴接手。毗濕奴的形象通常被描繪成右手拿著象徵權力的權杖，祂像慈愛的父母一樣珍惜世界，並努力維護安全。毗濕奴讓人感到放心與安心，甚至可能讓人感到有點無趣。至於濕婆這位神祇，則絕對不讓人覺得無聊，祂代表人性好戰的那一面，終結了梵天所開創的一切與毗濕奴所維護的一切。濕婆最戲劇性的行為是「死亡之舞」，祂踐踏時間，整個世界再度徹底被湮滅，直到下一次時間之輪開始轉動。

當虔誠的印度教徒凝視著諸神的形象，仔細思索祂們所代表的事物，他們會想像時間巨輪正在轉動，驅使著生生世世不斷輪迴。這是個旋轉舞臺，他們在舞台上來來去去、出現又消失，讓登場與退場成為輝煌且讓人疲憊的景象。不過，有沒有方法能離開舞臺？是否有個出口讓人們可以擺脫來來去去的輪迴？

靈魂可以奉行某些戒律，而這些戒律有助於靈魂擺脫時間的旋轉舞臺。但如果想理解這些戒律，我們必須記住人類的困境。人類自身並非一種真實的存在，而是受困於「自視為真實」的幻覺。「得救」就是擺脫幻覺，並讓自我最終得以消失。

為了簡單起見，我們把那些讓人們更接近解脫的戒律分成兩種不同的靈性修行方式，或許可以將它們想成外在與內在，或是專注於某事，以及專注於無。外在方式也稱為愛心奉獻的方式，信徒運用神靈的形象與無形者交流相通，將禮物獻給神靈，並悉心服侍祂。執行儀式時，他們脫離自我，融入了「一」。這促成一種忘我的境界，讓他們逐漸擺脫那些使他們困於幻覺的人性。然而，這種工作進展緩慢，需要歷經無數世，才能擺脫持續的輪迴。

另一條「得救」之路採取相反的方法。它並非運用形象來達到效果，而是透過冥想來擺脫對自我的幻想。冥想者靜坐不動，忽略身體的不適，以及從腦中紛紛一閃而過的事物，藉此擺脫對自我的幻想，與真實融合。然而，冥想同樣不是快速解決問題的方法，它帶來的融合感轉瞬即逝，空無的心靈很快再度充斥了熟悉的渴望與令人分心的事物。這就是為什麼有些人為了追求永久的忘我狀態，並與「一」融合，寧願放棄對塵世的依戀，成為一名流浪乞丐，過著完全克己的生活。他們克制住那些將他們困在今生的身體需求，以求沉浸在唯一真實的「一」之中。

印度教確實提供了最終得以擺脫時間之輪的希望，但一想到可能得歷經無數世才能得救，著實令人感到震驚。西元前五〇〇年左右，這種情況使得某些人納悶，是否真的沒有一種更快的方法，可以獲得人們所渴望的解脫？接下來，我們轉而探討宗教史上一位迷人的天才所提供的答案，這位天才是悉達多，他是一個王子，但他更知名的稱號是「佛陀」。

· 5 ·

從王子到佛陀

雅利安人騎著馬，風風火火地闖入印度，發展出複雜又多采多姿的宗教，我們現在稱之為**印度教**。過了一千五百年，有個人沮喪地研究印度教這種無止盡轉世的教義，他自問，是什麼將靈魂束縛在輪迴之輪上，而他的答案催生出一個新的靈性運動。這位智者，大約西元前五八〇年出生在印度東北部喜馬拉雅山脈山腳下，名為悉達多．喬達摩，這就是他的故事。

悉達多的種姓屬於統治者與戰士的剎帝利，他的母后摩耶夫人生下他時，他的父親釋迦族國王淨飯王已年屆五十了。悉達多是個虔誠的孩子，自幼研讀印度教的聖書《吠陀》。儘管他是享有特權生活的王子，但導師提醒他，他與其他人一樣，此刻正走在已歷經多世的漫長道路上。他十六歲與耶輸陀羅公主結婚，育有一子羅睺羅。二十九歲之前，他過著養尊處優、受人保護的生活，一切需求都有僕人打點。不過，此後短短幾天內一連串發生的事件，永遠改變了他的生命。這個故事被稱為「四門遊觀」。

第一天，悉達多打獵一整天回來之後，看到一個瘦弱男人在地上痛苦地扭動。他問保鏢闡陀，這個男人怎麼了？闡陀回答：「他生病了。」這位王子問：「他為何生病？」闡陀說：「王子，這就是人生，所有人都會生病。」王子若有所思，但一語不發。第二天，悉達多遇到一名佝僂著背的老人。這個老人不停點頭，雙手顫抖，即使拄著兩根拐杖仍步履艱難。王子問闡陀：「這個人也生病了嗎？」這回闡陀回答：「不，他是老了，人老了就是那樣。」悉達多若有所思，但仍是一語不發。

第三觀是出殯隊伍。按照印度教的習俗，人在死後會被抬到火葬場火化，而死者的遺孀與孩子跟在後方哭泣。悉達多問闡陀發生了什麼事，闡陀解釋：「所有肉體都是如此，無論是王子還是窮人，人人都難逃一死。」悉達多再度一語不發。悉達多在目睹了生老病死的痛苦之後，他想知道，這些痛苦的原因是什麼？他讀過《吠陀》，但書上只告訴他，這是生命法則，是業力。當他在王宮裡深思這些謎團，歌聲從他的窗戶飄過，卻讓他更覺悲傷。他意識到歡愉轉瞬即逝，雖然提供了慰藉，但無助於減緩死亡的來臨。

第四天，悉達多進入市場，闡陀像往常一樣隨侍在旁。在購物者與滿足物欲需求的攤商之中，悉達多看到一位穿著粗袍的僧人在化緣。這位僧人年紀很大，顯然生活窮困，但看起來卻快樂安詳。悉達多問闡陀：「這是個什麼樣的人？」闡陀解釋說他是出家人，過著沒有財產且不因財產而煩憂的日子。

悉達多默默地回到舒適的王宮，那晚他失眠了，而且深感苦惱。他忽然領悟到，**欲望**是人類痛苦的原因。男男女女不滿足於自己的命運，從未得到平靜，他們渴望那些不曾擁有的東西，可是一旦如願以償，就立刻產生新的渴望。悉達多想得越多，就越厭惡欲望，欲望是一種病，無人可以逃脫。不過，儘管欲望令悉達多反感，但他也同情那些受到欲望折磨的人，他決定幫助他們。他要找出一種方法讓人們擺脫欲望的掌控，如此人們便不必再度降生在這個痛苦的世界。他要尋找脫離重生輪迴的開悟，並引導其他人遵循他所發現的道路前進。

悉達多從床上起身，與妻兒無聲的告別，然後召來了闡陀，兩人乘著馬車駛入黑夜。到達森林邊緣之後，悉達多走下馬車，用劍削斷了長髮，把頭髮交給闡陀，然後派他回宮，用那束頭髮證明他已經展開了新生活。接著，他用身上穿的昂貴長袍去交換流浪漢的長袍，並以流浪行者的身分啟程。悉達多王子在二十九歲成為一名乞丐，在他的故事裡，這一刻被稱為「出家」。

他流浪了六年，尋求消除欲望並達到開悟的方法。他遇到的聖哲提供了他兩種方法，一種是高強度的心智鍛鍊，旨在約束內心和平息渴望。悉達多精通這些方法，發現它們是有用的，但並未帶來他所尋求的最終解脫或開悟。因此，他告別了冥想者，繼續上路，直到遇見一群嚴厲實踐苦行之道的沙門。這些人告訴他：你越能強行克制肉體，心靈就會變得越清明；如果想讓靈魂獲得解脫，就必須餓其體膚。於是，悉達多展開了導致他瀕臨死亡的克己計畫。他談起當時的狀況：

當時我每天只吃一顆水果維生，身體消瘦不已，四肢變得像枯萎的蔓生植物那樣多結附根……削瘦的肋骨就像搖搖欲墜的屋椽。

他納悶地想，如果這種身體禁欲理論是真實的，此時我應該會開悟吧，因為我已瀕臨死亡。不久，悉達多因為太過虛弱而無法再拖著身體前行，他昏倒了。就在身邊的人以為他即將死亡時，他醒了過來。恢復知覺後，悉達多告訴這些沙門：六年的高強度冥想與苦行，並未讓他接近他所追尋的開悟，因此他決定不再挨餓，停止折磨自己。這群沙門最終離開了悉達多，悉達多只好獨自上路。

他在一株野生畢鉢羅樹下休息時做了決定。他告訴自己：我若不能證得無上正覺，寧可碎此身，終不起此座。七天之後，他忽然意識到，他想擺脫欲望，這本身正是一種欲望！他領悟到一件事：「擺脫欲望」的渴望，一直是他開悟的障礙。隨著這種洞見的產生，他意識到自己當下已經去除了欲望，進入忘形入神的狀態，「無知被摧毀，知識已產生；黑暗被摧毀，光明已出現」，並立刻意識到：「我不再重生了，我已處於最高境界的生命，我的任務完成了。現在對我來說，那個一直以來的我，已經消失了。」他不再會進入輪迴與重生，此刻他已成為佛陀，亦即開悟者。這一晚被稱為「聖夜」。

接下來，悉達多去尋找那群對他失望的僧人。他在印度北部恆河畔貝那拉斯（Benares，指現在印度的瓦拉那西 [Varanasi]）的鹿野苑找到了他們。儘管這群人不認同悉達多的想法，但還是有禮地接待了他。他們溫和指責悉達多，說他放棄了苦行生活是不可能開悟的，而悉達多的回答被稱為「初轉法輪」。他再度提出那個自從離家尋求開悟後，一直以來困擾著他的問題：欲望將我們束縛於輪迴，而怎麼做才能夠結束輪迴？他的答案是：循著兩個極端之間的溫和之道前進，他稱之為「中道」。

他說：「喔，諸位沙門，要避開那兩個極端，其一是縱情欲樂的生活；這會降低品格，而且無益。另一個是自我折磨的生活，這很痛苦，而且也無益。我們要避開這兩個極端，從而獲得通往開悟的中道。中道的路標就是『四聖諦』。生命充滿了痛苦，痛苦的原因正是欲望，但是，欲望可以被消除，而消除它的方法是遵循『八正道』。」

佛陀是個生性務實的行動派。典型的務實者喜愛羅列待辦事項、要記住的事情，甚至是上市場要買的物品清單。以下是佛陀用來消除那些造成痛苦的欲望所需的八正道：正見、正思維、正語、正業、正命、正精進、正念、正定。「正見」與「正思維」是找尋並遵循中道，接著是「正語」，指的是決定絕不誹謗別人或使用粗俗語言。更重要的是拒絕偷竊、殺生或做任何可恥的事，並且避免從事傷害別人的職業。

佛教是一種實踐的方式，而非信條；佛教是履行要做的事，而非要相信的事，至於效益的關鍵，則是透過冥想來控制充滿渴望的心靈。藉由靜坐、觀息和深思，實踐者可以穿越不同層次的意識，獲得平靜。佛陀應該會贊同十七世紀法國那位喜愛沉思的神學家帕斯卡（Blaise Pascal）的見解：「人類所有的邪惡，都來自於一個原因，那就是人類無法定靜坐在房間裡。」

這些沙門在被佛陀解說的中道說服後，遂成為他的信眾，「僧伽」（比丘與比丘尼的僧團）這種身分就此產生了。儘管佛陀的教導並未強制執行任何信條，但它獲得了印度教的兩個假設「業力」與「輪迴」的支持，這是導致數百萬次重生的行為法則。佛陀教導信眾，中止輪迴的最快方法，就是成為僧侶，實踐通往開悟的戒律。

不過，如果你的情況讓你無法出家，那麼退而求其次的方法，就是過著合乎道德的生活，冀望下一世或許可以穿上比丘或比丘尼的黃褐色僧袍。佛陀在貝那拉斯「初轉法輪」之後的四十五年間遊歷各地，努力培養僧伽。在即將涅槃前，佛陀開示信眾，表明他即將離去，而他的教誨將留存下來。

成為佛陀之後，悉達多王子的最後一次旅行來到了貝那拉斯東北方的小鎮，他感到身體不適，最後躺在兩棵樹之間進入涅槃，時年八十歲。悉達多創立的宗教傳遍亞洲，最終成為世界級的宗教，但目前在佛教誕生之地，卻幾乎找不到佛教的蹤影。相較於佛教是如此普及，在世界各地卻幾乎不見耆那教的蹤影——這是我們接下來要討論的宗教。

· 6 ·

不傷害

耆那教與佛教一樣，同樣解答了印度教對人類提出的疑問。如果這一輩子只是我們所經歷的許多世中的最新一世，而且是業力將我們困於輪迴之中，那麼我們該如何解脫至**涅槃**境界？梵語「涅槃」，是指像蠟燭一樣被吹滅，當靈魂跳脫了輪迴，就能達到涅槃。佛陀給的答案是找到兩個極端之間的中道，而耆那教則走相反的方向，它選擇了我們所能想像最極端的方式，亦即嚴格克己的道路。耆那教最高的理想，是要信眾執行「薩萊克哈那」（sallekhana）——活活餓死自己。

耆那教一詞來自「征服」這個動詞，指的是耆那教徒對抗自己的天性，以達到帶來「得救」的開悟。根據耆那教傳說，二十四位耆那（或「勝利者」）善於掌控自身的欲望，因此獲得了開悟。他們被稱作「蒂爾丹嘉拉」（tirthankaras），意為渡津者，因為他們能帶領靈魂穿越重生之河至彼岸而得救。最後一位蒂爾丹嘉拉通常被視為耆那教的創始者，他的名字叫做筏馱摩那，後來被稱為「摩訶毘羅」，亦即偉大的英雄。傳說告訴我們，他出生於約西元前五九九年，誕生於印度東部的恆河盆地，該地區也見證了悉達多的誕生。

摩訶毘羅與佛陀的共同點不僅是地理與年代，摩訶毘羅也是一名王子，同樣滿腦子思索著人的受苦及原因。為了尋求開悟，他同樣拋下特權生活。他與佛陀有一致的想法，都認為欲望是人們受苦的原因，人們不快樂，是因為渴望那些不曾擁有的東西，可是一旦如願以償，便開始渴望其他的東西。由此可見，既然欲望是受苦的根源，那麼只有消除欲望，才能拯救我們。

摩訶毘羅消滅欲望的方式，顯示了他是一個激進派，他認為唯有透過行善和不作惡，才能擺脫輪迴。他和佛陀一樣喜歡列清單，並將自己的方法濃縮成五戒，包括了不殺生或傷害任何生物、不偷盜、不妄語、不邪淫放逸、離慾。乍看之下，這些規定並無新意，許多宗教體制也提供了相同的清單。耆那教與眾不同之處在於，摩訶毘羅的第一誡「不殺害或傷害其他生物」展現了寬廣的深度，以不傷害或非暴力作為主要特色，他讓這一戒變成該教的絕對準則及普遍原則。那些試圖得救者，唯有透過絕對的非暴力，方能改變將他們束縛於輪迴之中的業力。

耆那教的男女修士，都被規定不得傷害或殺害**任何東西**！他們不會為了飲食而殺生，他們不狩獵、不釣魚，也不拍死叮咬他們的蚊子或蜜蜂。如果他們在屋中發現蜘蛛或其他昆蟲，也不會踩扁牠們。如果不希望這些昆蟲待在住家附近，他們會小心翼翼抓住昆蟲，確保不傷害到牠們，並到戶外恭敬地釋放牠們。

由於地上充斥著微小的生物，因此他們必須謹慎地行走，避免傷害到牠們。為了確保沉重的腳步不會傷及腳下的生命，耆那教徒製作了一種柔軟的羽毛掃帚，在行走時輕拂前方的路。有些人甚至戴上口罩，避免吸入微生物。他們尊崇所有形式的生命，這份敬意甚至適用於根莖類蔬菜。耆那教徒認為這些植物不該被拔出地面食用，它們的生命與人類一樣寶貴。

這麼說來，如果耆那教徒不吃肉、魚和蔬菜，那要如何生存？事實上，某些人選擇了不活下去——餓死自己是耆那教徒的最高理想，表明靈魂中的欲望已經被消滅，最終擺脫了業力。不過，只要稍加思考，你會明白就算在耆那教徒的社群，自殺也不可能成為一種普遍的做法。各個宗教的信徒有不同的熱度，從熾熱的狂熱分子到冷淡的偶爾奉行者，雖然耆那教是歷史上最熱烈的宗教之一，但信徒的熱中程度也各有不同，他們多半不會餓死自己，但他們的行為已經足夠極端：他們靠果實生存，但只吃那些掉在地上或被風吹落的果實，藉此在不傷害任何形式生命的情況下維生。

除了相信所有形式的生命皆為神聖，耆那教鮮少有宗教理論。耆那教的體系中，沒有一個至高無上的神或造物主，以此抵制殘酷的種姓制度。不過，耆那教的得救之道，確實仰賴宇宙的精確地圖。耆那教徒認為，宇宙是由兩個巨大的球體所組成，藉由細小的腰部相連。如果要加以描繪，請想像在一個充氣的氣球中間扭個結，將它變成那個結連接的兩個部分。耆那教相信，這個中間的結，便是我們所生存的世界，靈魂會在此處輪迴，受束縛一段時間。

就像太多的食物會讓身體變得沉重，耆那教徒認為惡行也會增添靈魂的負擔，使之更難擺脫輪迴。而那些過著糟糕生活的靈魂，在下一世會以較低等的形式重生，也許是蛇或青蛙，甚至是紅蘿蔔或洋蔥。那些過著極度邪惡生活的靈魂會變得非常沉重，靈魂會落入宇宙底部球體的七個地獄，越下層的地獄所帶來的痛苦就越可怕。

反過來說，根據同樣的法則，淨化罪惡的靈魂越是努力奮鬥，靈魂就會越輕盈。真正虔誠的耆那教徒會實行所謂的極端**禁欲主義**，這個用語來自希臘的體育運動，意味著一位運動員接受嚴格鍛鍊，以便在場上表現得比其他人優秀。耆那教的頂尖運動員「耆那」努力接受鍛鍊，讓靈魂變得輕盈，飄得越來越高，穿過上層球體的天堂。當這些靈魂來到第二十六個天堂，就達到涅槃的境界，所有奮鬥在此劃下句點。此時，這些靈魂將永遠處於靜止的極樂狀態。終於得救了！

耆那教另一個有趣的層面，是它把達到無重量的奮鬥，擴展到思想的層面。除了錯誤的行為，錯誤的思想也可能會增加靈魂的負擔。歷史無疑告訴我們，包括宗教在內的思想分歧，是人與人之間出現暴力的一大原因。因此對於耆那教徒而言，「非暴力」的教義適用於他們對待人們思想及身體的方式。甚至在精神生活方面，耆那教徒也採取不傷害和非暴力的行為。他們尊重人們觀看與體驗現實的不同方式，同時承認，沒有人能看到全貌。

他們稱這種崇尚尊重的教義為「非絕對論」。為了說明這個理論，耆那教徒講述了「瞎子摸象」的故事。六位盲人分別觸摸大象身體的不同部位，藉此描述大象的模樣。摸到象腿的人說，大象像一根柱子；摸到尾巴的人說，大象像根繩子；摸到象鼻的人說，大象就像樹枝；摸到象耳的人說，大象像把扇子；摸到大象肚子的人說，大象像一面牆；而摸到象牙的人，認為大象就像堅硬的菸斗。導師告訴他們，他們對大象的描述都是正確的，但每個人只理解了一部分，而非全部。這個故事的寓意是，人類對事實的理解都受到了限制，他們可能不見得完全看不見事實，卻只能從單一角度加以理解。不過，只要他們不聲稱自己的觀點等於整體情況，不強迫別人以相同角度看待事物，便無傷大雅。

耆那教徒認為，我們的所知受到侷限，是因為我們受困於沉淪虛幻的生命，唯有開悟者才能獲得完整無缺的知識。無論我們如何看待耆那教，它鼓勵精神上的謙遜，這點在各宗教中實屬罕見，因為每個宗教都往往自認掌握了事情的話語權，拒絕相信自己是那個為了大象外形而爭吵的盲眼乞丐。

摩訶毘羅走遍印度各地傳道，吸引了許多信徒。到了西元前四二七年，七十歲的他餓死自己時，追隨者已經多達一萬四千名男修士與三萬六千名女修士，他們是耆那教的真正實踐者，刻苦鍛鍊讓自己的靈魂輕盈，以求在今生達到涅槃。他們在聖書《阿伽瑪經》中，集結了摩訶毘羅終身佈道的內容。

多數的宗教一旦樹立了聲譽，就會分裂為不同的教派，而且往往每個教派都聲稱自己是創教先知或導師的最純正版本。耆那教也不例外，它分裂為兩派，但兩派的差異不大。事實上，這些差異相當有意思。其中一派自稱迪甘布拉（意為「以天為衣」），他們堅稱修士不應穿著任何衣服。而另一派是西維坦布拉（意為「穿著白衣」），他們允許修士穿著白色長袍。除了男修士與女修士，耆那教徒在印度還有數以百萬的在家信眾。雖然男修士與女修士是真正的實踐者，但那些在家信眾也一樣在社會地位允許的範圍內，盡量過著簡樸生活。他們並未期望憑藉今生的努力就能一口氣到達第二十六個天堂，但他們希望過著非暴力的溫和生活，能確保他們下輩子成為男修士與女修士，他們將在那一世結束之後，最終達到涅槃。

鑑於耆那教的本質，它永遠不會成為一門大眾宗教，但它的確是具備了影響力的宗教。它為我們介紹了一個有趣的特色：儘管極端做法可能只能吸引少數的人，但這些人會影響主流意見，並軟化其態度。耆那教徒視一切生命皆神聖，這對各種形式的素食運動產生了貢獻。此外，耆那教非暴力的教義也對政治產生了重大影響。它影響了律師甘地，他在二十世紀上半葉領導印度擺脫英國統治並獨立；它也影響了基督教牧師馬丁・路德・金恩，他在二十世紀下半葉領導了非裔美國人的民權運動。

耆那教持續為我們展現這個真理：欲望是導致人類受苦的主因，只有學會控制欲望，我們才會過得幸福與滿足。很少人會採取赤身裸體的生活方式，或是活活餓死自己，但這樣的想法或許會激勵我們願意去過更簡單的生活。

我在本書開頭指出，追溯不同宗教的出現，不可能遵照嚴謹的時間順序，因為在這些故事中，地點與時間一樣重要，不同的地方同時發生了不同的事，因此我們必須曲折地穿梭歷史來處理這個問題。這就是為什麼下一章，我們將追溯到雅利安人入侵印度的數百年後，並拐個大彎來到西方，研究宗教史上的重量級人物——亞伯拉罕。

· 7 ·

流浪者

「Ur」，這是由兩個字母構成的簡短單字。「u」發音為「吾」，「r」以蘇格蘭人的發音方式捲舌，所以唸起來是「吾珥」。約在西元前一八〇〇年，這個地方是宗教史上舉足輕重的人物誕生之地，這個人就是族長亞伯拉罕。猶太教徒、基督徒和穆斯林都宣稱，亞伯拉罕是這些宗教的創立者。

想像一條小溪從遙遠的山間涓滴流出，在數千英里外的廣闊平原上形成三條巨河，你知道我的意思。吾珥位於美索不達米亞的東南部，這是希臘語，意為「兩條河之間」，這兩條河流是底格里斯河和幼發拉底河，吾珥就位於現今稱為伊拉克的國家。根據流傳的故事，亞伯拉罕是他拉的兒子，他有兩個弟弟拿鶴與哈蘭，《聖經．創世記》裡有相關的記載。不過，《希伯來聖經》舊教義指南記載了更多關於他們的故事：他們是牧羊人，在幼發拉底河谷的茂密草地上放牧羊群。他拉有個賺錢的副業，就是製作供當地人民敬拜的神像。美索不達米亞人敬拜四位至高神，包括天空之神安努、大地女神祺、大氣之神恩利爾和水神恩基；他們也敬拜日月為神靈。值得注意的是，古代宗教幾乎都自動將大自然視為神聖的力量。

美索不達米亞的居民就像印度人那樣，一邊凝視著某樣東西，一邊向神靈祈禱。他拉很樂意運用他的神像工作坊為民眾效勞。某天，他拉不在，由亞伯拉罕負責照顧生意，一位老人進門買神像。亞伯拉罕問：「請問您幾歲了？」這位老人說：「七十了。」亞伯拉罕回答：「你真是老糊塗，你在七十年前就出生了，卻打算敬拜一個這家工作坊昨天才剛剛製作好的神像！」老人沉思了一會兒決定拒絕購買，便將錢要了回去，轉身離開店鋪。亞伯拉罕的弟弟聽到這件事之後火冒三丈。他們提醒父親，亞伯拉罕的作法已經危及了家族事業。因此，他拉禁止亞伯拉罕待在店鋪裡，只讓他待在展示神像的房間，負責收取顧客獻給神靈的供品。某天，一位婦女帶來食物獻給某位神靈，亞伯拉罕並未如往常般將供品獻給神像，而是嘲笑她：「它有嘴巴，但它既不能吃妳準備的餐食，也無法道謝。它有手，但無法拿起妳擺在面前的食物，一小口都不行。儘管它有雕刻精美的腳，卻無法朝你跨出一步。我認為神像的製造者與崇拜者，跟神像本身一樣愚蠢而無用。」

這段話很危險的原因有二：首先，挑戰社會上已經確立的宗教，從來不是件討人喜歡的事，如果這種批判言論甚至威脅到當地的經濟，情況就更糟了。當時是個崇拜諸多神靈的社會，因此，製造神像是個有利可圖的產業。亞伯拉罕此舉讓自己陷入了困境，最後他只好離開。從這一刻起，他成為一名流浪者，與家人帶著牲群長途跋涉到遠方。然而，正是他的靈性之旅，塑造了日後偉大的宗教史。

亞伯拉罕的故事標誌出多神論轉向一神論的開始，從隨意敬拜眾多神靈到嚴格追隨唯一的一個神。是什麼促成了這種轉變？為什麼亞伯拉罕對父親店鋪裡那些無害的小雕像感到憤怒？我們必須運用想像力進入亞伯拉罕的心思，不過，其實他的想法並不難理解。他看著父親雕刻這些雕像，熟悉它們的製作過程，又怎麼可能將它們當成玩具以外的其他東西？然而，為何他不對那些受騙的人聳聳肩，然後一笑置之？為何他如此生氣？因為他是先知，他腦中聽到神的聲音在對他說話。那道聲音警告他，敬拜這些神靈，不只是取悅人們、並讓神像製造商繼續生存的遊戲，更是以可怕而危險的謊言作為基礎。神靈只有一位！他不僅鄙視神靈的雕像與肖像，還痛恨這些東西，因為它們導致他的孩子無法認識父親，他就像一個孩子被陌生人偷走的爸爸，希望孩子回來，希望那些綁架孩子的人受到懲罰。

這是人類故事的重要轉折點，值得加以思考。縱觀歷史，人類顯然善於彼此憎恨，而憎恨對象往往是那些與我們不同的人。種族、階級、膚色、性別、政治甚至髮色，都可能促使我們做出邪惡的行為，包括宗教。事實上，宗教仇恨可能是這種人類惡習最致命的形式，因為它讓人類的憎惡有了神聖正當的理由。你因為不喜歡別人的意見而痛恨他們是一回事，但宣稱神也痛恨他們，希望他們滅絕，就是另一回事了。因此值得一提的是，強烈的宗教信仰會替人際關係增添危險因素，而亞伯拉罕故事中的另一件事，提醒了我們這一點。

亞伯拉罕腦中的聲音除了告訴他要痛恨神像，還命令他離開父親的祖國，移居另一片土地，屆時他將發展出偉大的民族。因此，〈創世紀〉告訴我們，亞伯拉罕與家人帶著牲群一起出發，向西穿越幼發拉底河，直到抵達迦南。目前迦南被稱為以色列或巴勒斯坦，位於現今地中海東緣。亞伯拉罕不是定居在海岸，而是定居於沿著該區域隆起石灰岩山脊的內陸，過著人畜興旺的生活。

有一天，亞伯拉罕腦中的聲音再次對他說話，叫他把兒子以撒帶到當地一座山上，獻祭給神。亞伯拉罕平日習慣宰殺動物並加以焚燒來獻祭神明，但從未被命令得殺死自己的親生兒子。然而，他不敢質疑神的命令。第二天，他很早就起床，用繩子捆好木柴，讓驢子馱著，與兒子和兩名青年一起出發。到達山腳下時，亞伯拉罕吩咐那兩名青年留下來保護驢子，他則把木柴綁在以撒背上，接著點燃火把，將一把鋒利的刀子塞進腰帶。他和以撒往山上小徑吃力地前行，以撒說：「父親，你已經準備好獻祭要用的柴火與刀子，但你要屠宰的動物呢？」亞伯拉罕回答：「別擔心，神會提供我們需要的東西。」

他們到了山上獻祭之處，亞伯拉罕把一些石頭放進臨時祭壇，將木柴撒在上面，接著將瑟瑟發抖的兒子綁在木柴上。他抓住以撒的長髮，將以撒的頭用力往後扯，露出喉嚨，然後從腰帶抽出刀子。就在他準備割開兒子的喉嚨時，他腦中的聲音再度對他大喊：「亞伯拉罕，別殺你兒子！你願意按照我的命令殺了他，已經證明了你對我的忠誠比你的人性情感來得強烈，所以我饒過你兒子了。」亞伯拉罕猛地放下了刀子，接著他看到一隻雙角卡在灌木叢中的公羊。他感到一陣釋然，於是立刻劃開了羊的喉嚨，將牠放上祭壇獻祭。我們永遠不會知道以撒對摩利亞山上這個恐怖場面的心情，但實在不難想像。

我們知道，有些早期宗教會以人為祭品。我們不難理解這是如何開始的，如果人們認為神靈是不可預測的統治者，必須獲得祂們的支持，那麼遠古人類得出的結論可能是，除了提供最好的動物，偶爾獻祭人類，或許真能獲得一些青睞。亞伯拉罕與以撒的故事反映了那段遙遠的殘忍歷史，但這不是傳統猶太教、基督教和伊斯蘭教對此事的詮釋，對上述三個宗教而言，這是個關鍵主題，昭示出絕對服從神的旨意的重要性，遠高於一切世俗關係。儘管現在我們認為，一個人聲稱神叫他殺死兒子是件瘋狂的事（即使祂在最後一刻大發慈悲），但不代表我們得判定所有宗教都很瘋狂。然而，追溯歷來的宗教故事，我們發現對於某些宗教主張抱持懷疑，才是明智的作法。我們注意到的危險是，人們往往賦予腦中的聲音過多權威，因此亞伯拉罕會憎恨神像，一點也不難理解。

我們聽從亞伯拉罕的想法，認為神像只不過是人類創造出來的東西，將神像視為神聖是荒謬的。然而，關於「神」的**概念**，不也是人類創造出來的？我們縱或不是以木頭和石頭為原料，用雙手打造出這些概念，但確實是以文字和思想在腦中形成「神」的概念，這應該能讓我們謹慎對待相關的主張。我們已經看到某些主張可能充滿危險，例如神可能希望我們將孩子獻祭出去，這顯示宗教有可能是人類的敵人。神對亞伯拉罕的考驗證明了一件事：如果人們認為命令來自上天，那麼他們就會說服自己做出各種事情，難怪人們曾以宗教的名義，幹遍種種不可思議的事。

我認為亞伯拉罕的故事是宗教史的轉折點，讓人們從多神教轉向一神教與「一神」的概念。這顯示宗教絕非靜止不變的，而是不斷發展和變化。宗教就像一部電影，這就是亞伯拉罕這個角色引人注目的原因：他不僅在各處漫遊並改變方向，他也在腦中這麼做。這種扭轉與改變方向的能力是所有有趣角色的特點，也是理解宗教的關鍵之一。

亞伯拉罕行無止跡，在他去世之後，他所建立的民族持續遷移，因為人們總是尋求更好的生活。故事說到了亞伯拉罕之後的好幾代，大饑荒席捲了迦南，促使他的後代再次上路。這次他們涉過另一條大河，南下進入埃及，歷史在埃及揭開新的篇章，我們將重新認識摩西。

· 8 ·

蘆葦叢中

亞伯拉罕的兒子以撒差點因為亞伯拉罕腦中聲音的命令而被殺，最後倖存下來，還當了父親。以撒的兒子雅各跟祖父一樣聽見了神對他說話，那個聲音告訴他，他的名字不再是雅各，而要叫做「以色列」，意為「神統管一切」。因此，雅各的十二個兒子被稱為「以色列的孩子」或「以色列人的子孫」。如今，名為「以色列」的雅各，就像祖父亞伯拉罕那樣成為一個四處流浪的牧人，帶領羊群尋找水源與豐盛的牧場。多年後，以色列的子孫形成一個足與其他部落抗衡的部落，他們不斷與人競爭合適的牧場，以及豐沛的水井。

然而，一場大饑荒席捲了迦南，牧草枯萎，水井乾涸，以色列的子孫決定到別處碰碰運氣。他們南遷到埃及某個被尼羅河灌溉的牧場。起初，埃及人很歡迎他們，允許他們定居在東北部的歌珊地（Land of Goshen），那裡靠近尼羅河，而且離海不遠。以色列人在當地發展得很好，人口增加，但是不太與埃及人來往。他們謹記亞伯拉罕對神像的蔑視，與當地宗教保持距離。當時埃及當地的宗教是充滿活力的多神教，崇拜狗、貓、鱷魚，包括其他動物的神靈。

可想而知，無法融入當地的以色列人，越來越不受埃及人的歡迎。隨著以色列人數越來越多，埃及人的厭惡變成了仇恨，然後轉為迫害與強迫勞動。最後，埃及當局決定採取有計畫的滅絕政策，為了迫使以色列女人與埃及男人通婚，埃及國王下令殺害所有剛出生的以色列男嬰。在這種情況下，一位以色列母親寧可送走剛出生的兒子，也不願看到孩子被殺害。她把孩子放在一個不透水的籃子裡，將他留在尼羅河畔蘆葦叢，她知道埃及國王法老的女兒會來此沐浴。沒想到這個計謀成功了，國王的女兒看見漂浮在蘆葦叢中的嬰兒，一時心軟便收養了他，還為他取了一個埃及名字「摩西」。

雖然摩西在法老王宮中過著優渥的生活，但他很清楚自己是以色列人，也意識到自己的命運牽繫於那些奴隸，而非收養他的壓迫者。有一天，他出於好奇，跑到宮外偷看一群正在工作的以色列人。不過當他看到埃及的工頭痛打一名以色列人，他竟然一時氣憤，失手殺了那個工頭，將他埋屍土中。第二天，他再度出門看望他的奴隸同胞，這次他卻生氣了，因為他目睹兩名以色列人自己打起了架。他試圖勸架，但先動手的那人嘲諷他：「我猜你會像昨天幹掉那個埃及人那樣殺了我，把我也埋進沙子裡！」摩西這才意識到事蹟敗露，他擔心風聲很快傳進王宮，令他陷於險境，因此他逃進了沙漠，得到一個牧民家庭的庇護。

這就是我們第一次遇到摩西的地方。他跪在荊棘叢前聆聽某個聲音對他說話，要求他擔負起危險的責任。正是同一個聲音命令亞伯拉罕冒著生命危險去譴責美索不達米亞人崇拜的神靈，也是同一個聲音命令亞伯拉罕將兒子獻祭，更是同一個聲音命令雅各將名字改成「以色列」。這是思考神靈的新方式。人們相信每個部落與民族都有各自的神靈，「單一的神靈控制人類命運、甚至歷史」是個令人恐懼的概念。當摩西詢問那個聲音的姓名，答案更加令人不安：那個聲音回答：「我是」。我們很難了解這其中確切的意思，但這個回答暗示了它是所有生命整體及一切存在的能量與意義，而聽到它說話的人也意識到，與這個聲音來往，將令自己處於險境。

事實上，這個聲音並沒有給這些人對事件的發言權。它就是突然冒了出來，像個無法擺脫的想法轟然闖進他們的腦中。它告訴他們，神只有一位，其他的神都是人類的創造物，來自於人類的想像，或者是由人類製造。那些所謂的神都是謊言，有損人類的靈魂，必須拋棄。而且，這個唯一的真神選擇了以色列子孫向世界宣揚真理。難怪接收到這種訊息的人會害怕，因為一旦這個世界上有數不清的神明，就會出現成群的狂熱信徒，而信徒也會創造各種用來服務神明的生意。「世界上只有單一神明」的說法，不止侮辱了別人的信仰，更威脅到很多人的謀生方式。

那就是摩西試圖抵抗那道聲音的原因，他才剛逃離埃及和統治者，現在腦中的聲音竟然讓他回去籌畫一場叛亂！亦即帶領以色列人離開埃及，前往另一個國度。而且他深知這群同胞是一群忘恩負義和不守規矩的暴民，誰知道一旦帶領大夥兒到達應許之地，又會迎來什麼樣的結果？然而，那個聲音持續個不停，摩西只好勉強遵從。他返回埃及後，遭逢了兩次審判，但最大的挑戰是說服以色列人相信，是亞伯拉罕、以撒、雅各的神靈命他帶領眾人離開埃及，前往新的土地，回到先祖的故鄉。眾人開始發牢騷：「如果摩西能說服法老王釋放他們，他們就願意跟隨他。」摩西打算怎麼做？

摩西的第一個方法，是請求埃及人讓以色列人放個幾天假，讓他們在歌珊地北部的沙漠敬拜神明。埃及人原本就蔑視以色列人那種傲慢排外的宗教，想當然爾拒絕給他們假期去侍奉他們精心守護的神。結果，摩西策畫了一場長期行動，其間以色列人的神一次次以災難打擊埃及人，最終血洗埃及，重現當年以色列子孫曾遭遇那令人駭然的可怕屠殺。

那個聲音要摩西命令以色列人在某個約定的夜晚待在家裡，將門上鎖，每個家庭都要獻祭一隻羔羊，並將羊血塗在門柱上，標明是以色列家庭。到了午夜，神靈巡行那片土地，殺死每個埃及家庭的長子與牲畜的頭胎，但所有以羔羊血為標記的家庭則毫髮無傷。隔天早晨，可怕的哭聲劃破天際，每個埃及家庭都有人死去，因此法老召見了摩西：「你贏了，帶著你的人民去沙漠事奉你們的神吧！也讓我們好好哀悼死者。」於是，大逃亡開始了。

摩西率領一群散亂的以色列人和牲畜越過鄰近地中海沿岸、被稱為「蘆葦海」的危險海口。當時正逢退潮，他們安全抵達另一側。不過，此時埃及人已經知道自己受騙，以色列人並非只是離開短短幾天去做宗教的朝聖，否則他們不會帶走所有羊群與牛群。不，他們是永遠逃離了埃及，而且腳程比預期還快了一天。因此，埃及人奮而駕著戰車死命追趕，並於漲潮時抵達蘆葦海的海口。不料，埃及人受困於暴漲的海水，全被淹死了。以色列人稱頌這是神的作為，他們終於自由了。

這是猶太歷史的關鍵事件，自那時起他們就以莊重的態度大肆慶祝，這個一年一度的節日是「逾越節」，就是用來回顧神聖的毀滅者放過以色列兒童的那個夜晚。神不傷害他們，而是幫助他們逃離埃及，不受埃及人奴役，並進入應許之地。

節日前夕，猶太孩子會問父母，為什麼逾越節的食物與平日不同？為什麼逾越節晚餐要吃無酵餅，而非普通麵包？父母會告訴他們，這是提醒你們，當年祖先慌亂逃離埃及，等不及讓麵團發酵烤熟，就得把半生的麵包帶在身上逃亡。孩子或許會問，為何逾越節的晚餐必須吃苦菜佐餐，而非其他蔬菜？父母告訴他們，這是為了提醒你們，祖先在埃及受到奴役的那些痛苦歲月。猶太人將苦菜先蘸過鹽水，再蘸上甜醬，象徵眼淚變成了歡樂，痛苦成了喜悅。孩子問，為什麼要在逾越節的夜晚斜躺在桌子旁？父母告訴他們，在埃及，只有自由的人可以斜躺，奴隸必須辛苦站著，現在他們自由了，所以也可以輕鬆地斜躺著！

三千三百多年來，猶太兒童在每個逾越節前夕提出一樣的問題，而父母給了他們相同的答案：他們自由了，現在可以悠閒地斜躺著吃東西！這個故事的悲慘之處在於，猶太人的歷史中，當猶太兒童無數次提問，並聽到「他們已經自由」的答案，卻又再度被囚禁，這成為歷來籠罩著這個故事的陰影。即便這個節日慶祝著偉大的解放行動讓他們成為一個民族的關鍵時刻，但這群人的歷史，向來是一部遭受監禁與迫害的歷史。

然而，這是讓人學到宗教發揮效用的一課。宗教故事可能會回顧過往，但用意在於帶給未來希望，猶太人就是如此運用這個故事，他們回顧〈出埃及記〉，將它當成民族的誕生日。然而，隨之而來的不是施放煙火或盛宴等慶祝活動，而是一場漫長跋涉，穿越沙漠，尋找美好的未來。

· 9 ·

十誡

以色列的子孫擺脫了埃及人的奴役，但麻煩才剛剛開始。埃及軍隊在蘆葦海溺死一事，讓以色列人找到了勇氣。雖然此前摩西說服他們一起進入沙漠，但他們從未真正了解摩西所提到的神。當時的普遍看法是，神明像如今的足球隊一樣到處都是。你支持家鄉的神明，並不代表你就鄙視其他神明——你知道神明聯盟裡有許多尊神。以色列人知道那位與摩西交談的神多少有些特殊之處，但這不代表聯盟裡沒有其他的神，只意味著他們的神是最棒的，因為那是**他們的神！**

沒多久，他們就發現摩西並非如此理解。摩西承諾帶領他們前往流淌著奶與蜜之地，但似乎不急著啟程。離開埃及多年，他們來到一座山腳下，摩西對以色列人說：「我要到山頂聆聽上帝的聲音，才能獲得下個指示。你們在這裡等著我。」摩西離開了許久，以色列人開始焦躁不安，於是管理人員透過舉辦活動來轉移他們的注意力。他們要求工匠製作一隻巨大的金牛犢，這是某位埃及神明的象徵。他們將它抬上了平台，要求以色列人敬拜它。或許是他們想念埃及，或許是他們在長途跋涉、穿越沙漠後，只是需要放鬆一下。敬拜金牛犢的儀式最後變成一場狂歡派對，鼓聲響起，以色列人興奮圍繞著金牛跳舞，大吼大叫，就像參加搖滾演唱會那樣欣喜若狂。

忽然間，摩西回來了。摩西生氣地打斷了狂歡活動，要求眾人肅靜。那個在山上對他說話的聲音，讓他帶回了以色列人**從此刻起**必須遵循的《十誡》！對於一個想建立向心力的團體來說，《十誡》的誡命多半很有道理，包括不可殺人、不可偷盜、不可姦淫、不可作假見證、當守安息日等。十誡之中，第一誡尤其重要：那個帶領他們離開埃及的神，是唯一的神，不可侍奉別的神——以色列人接受了這條誡命。不過，令以色列人感到驚訝的是〈第二誡〉。〈第二誡〉禁止製作偶像，不僅是神像，還包括任何東西的雕像。禁止偶像！禁止藝術！這讓他們困惑不已。當時人類覺得描繪狩獵的動物或是敬拜的神明，就像呼吸一樣自然，任何一個手握著粉筆的孩子都能證明這點。不過，那個對摩西說話的聲音卻質疑任何藝術，當以色列人試圖藉由藝術來描繪存在的奧秘，它變得極度憤怒。神之怒背後代表了什麼意思？

為了弄清問題，我們回頭討論一下象徵的意涵，或許會有幫助。我們注意到，象徵將人們與宏大的現實聯繫在一起，例如，一塊彩色的布可以代表國家。象徵是人類極為有用的發明，也是一種用來表達偉大抽象主題（如國家這種概念）的捷徑。人類發明書寫之後，象徵變得更加有用，現在，你可以將任何東西轉譯成書本中的文字。錯就錯在，人們也會將文字及其代表的意義給弄混淆，認為兩者是等同的。然而，事物的本身，從來不等於我們所**說**的話語或文字，好比說，「水」這個字不能喝，它只**代表**水，但不是

「水」這種物質本身。

然而，信徒往往不是這樣看待宗教術語，在信徒心中，彷彿那些文字所稱的「神」，就是神的本身；彷彿寫在書上的不是墨跡，而是壓縮在書封之間的神明。難怪他們常為了誰掌握「神」的最佳文字和象徵而互相爭鬥。神在〈第二誡〉中怒喝：差得遠了！無論是牆壁上的畫像或書籍中的文字，任何形式的藝術，都無法傳達神的奧秘。〈第二誡〉是人類所體悟到關於神最重要的洞察，它不僅是那種要求人們圍繞金牛跳舞的意義，而是告誡我們，任何宗教體制都無法傳達或遏制神的奧秘。然而，這正是歷史上許多人宣稱的事。〈第二誡〉是一種預警，指出那些聲稱代替神發言的組織，將成為神最大的敵手，也將是最危險的偶像。但是以色列人花了很長時間才理解這道神旨。

在沙漠中圍繞著金牛犢狂歡之後，以色列人繼續前進。他們有一片應許之地要奪取，摩西讓他們看見了那片土地。神的聲音要求摩西爬上一座山巔，從遠處觀望那片土地，最後，摩西也在這座山上過世了。因此，領導侵略的人是摩西的將領約書亞。然而，這不是一場唾手可得的勝仗，當他們立足於那塊土地，還得繼續和當地的部族爭戰。因此，以色列人需要一個國王來領導他們打仗。以色列人的第一位國王是掃羅（Saul）。在掃羅統治期間，以色列多半靠著四處爭戰來鞏固他們在迦南的地位。

他們遇到的部族之一是非利士人（Philistines），該族凶猛的士兵之中，有一位名叫「歌利亞」的巨人。某天，兩軍對峙，歌利亞向掃羅的士兵下了一道戰帖，要求單挑。但沒有一個以色列士兵敢自告奮勇。後來，一位年輕牧羊人走上前接受了挑戰。不過，其他士兵嘲笑他，像他這樣的小伙子，如何抗衡歌利亞這種訓練有素的殺手？「我會用保護父親的羊群免受狼群侵害的方式，」男孩回答，「用我的投石索。」這個牧羊人勇敢面對巨人，巨人也咆哮著衝向他。歌利亞伸長手臂，奮力投出長矛，而牧羊人則冷靜地將一塊石頭置於投石索，甩了一大圈，精準將石頭飛擲出去。沒想到，石頭神準地將聖殿上的歌利亞給擊昏了！接著，男孩用巨人的劍將歌利亞斬首。當日掃羅軍隊獲勝，以色列人自此有了一位新英雄——大衛。

大衛在掃羅戰死後繼承王位，成為以色列國王。大衛在位期間的三十年也是不斷征戰，他兒子所羅門建造了以色列第一座聖殿。人們來到聖殿，將最好的牲畜獻祭給神，並獻上最好的作物，整個聖殿籠罩在迷濛怡人的香霧中。此刻，被埃及人奴役的時代已經離他們很遙遠了。以色列不再是一個鬆散的流浪部族，他們成為一個真正的國家，擁有自己的國王，還有精美的神殿。他們終於做到了——只不過，他們的神不這麼認為。

那個跟摩西說話的聲音再度開口了。它沉默了幾個世代，如今在新一代先知腦中厲聲說話。那個聲音告誡他們，以色列人的解放者已經變成一個貪婪的偶像，宛如他們當初遠離的那群人所敬拜的某個神明。這可不是神所希望的願景，神希望為窮人伸張正義，希望寡婦與孤兒都能獲得照顧。最重要的是，神希望以色列人恢復當初在沙漠時互相照顧的簡樸生活。然而，以色列還需要再度於異地他鄉被奴役一段時間，才能了解神要告訴他們的道理。

獨立王國以色列一向過得不太安穩，甚至在戰勝當地部族、將迦南土地納為己有之後，仍持續面臨著危險。他們的應許之地，是一道夾在南北強權之間的走廊。南方是埃及，他們曾在那兒度過一段歷史；而美索不達米亞北部的亞述帝國，也對以色列人的自由造成極大的壓力。

果然，以色列人在逃離埃及的束縛數百年後，再次面臨被奴役的命運。他們遭到亞述人的蹂躪，好不容易建立的王國一夕傾倒，一萬多名以色列人被驅逐到巴比倫。正如他們在迦南的勝利改變了他們對上帝的信念，他們也因為在巴比倫承受的苦難，再度改變對上帝的信念。

起初，他們以為自己永遠失去了上帝，以為上帝一直待在所羅門建造的那座耶路撒冷聖殿。他們在巴比倫水邊哭泣，哀嘆自己怎能在陌生土地吟唱神的聖歌？不過，在悲傷中，他們對上帝有了新的理解：上帝不是受困於神殿中的偶像，祂甚至沒有受困在迦南，而是無所不在！上帝在巴比倫與他們同在，就像祂在耶路撒冷時與他們同在那樣；更早之前，上帝在埃及與他們同在！事實上，誠如先知所言，上帝隨時隨地都在。他們終於明白了這一切。只可惜，他們之前並不瞭解這層意思，不過，現在他們可以想辦法彌補。

他們開始收集關於上帝流傳的事蹟，包括對著亞伯拉罕、以撒、雅各和摩西說話的那個聲音、以色列人逃離埃及並定居迦南的故事，以及他們與唯一真神立下聖約或結合的故事。而且，他們謹記著神永遠與他們同在，無論他們是奴役或自由之身，無論他們處於以色列土地，或身在流淌著陌生河流及語言的異鄉。當以色列人流亡到巴比倫，上帝再次透過先知對他們說話，而這一次，他們聽進去了。

· 10 ·

先知

先知不是**預言者**，而是先言者。與其說他們會預測未來，不如說，他們只是宣布了從神那兒聽見的話語。亞伯拉罕聽見神的聲音而嘲笑美索不達米亞人的神像，摩西聽見神召喚他，因此帶著那些在埃及的以色列人來到應許之地。直到以色列的子孫定居迦南，擁有自己的國王，神也沒有保持沉默。因此先知再度聽到神的聲音，並且決定出來挑戰當權者，因為當權者沒有遵守上帝在聖山交給摩西的律法。這些先知都是令人信服的演說者，他們善用故事來傳達訊息，就連國王也難逃先知的感化。有個故事說到某位先知挑戰了以色列最偉大的大衛王——我們上次認識大衛王這號人物時，他用投石索和一顆石頭殺死了巨人歌利亞。

西元前一〇〇〇年左右，大衛登基成為以色列國王，並選定了築有防禦工事的錫安山來打造首都耶路撒冷，這座城市又稱「和平之城」。這是一座美麗的城市，至今仍是數億人心目中的聖城。雖然大衛是個了不起的戰士，也是深具魅力的領袖，但是他並不完美。有一天，一位名叫拿單（Nathan）的先知對大衛說起近日發生的惡行：一位鄉下富豪擁有成千上萬的牛羊，衣食無缺。而他的一名佃戶是個窮人，全身上下唯一的財產是一隻母羔羊，所以這名佃戶像對待女兒一樣愛著那頭羔羊。某日，有一個不速之客來訪，富人沒有宰殺自己的牛羊來款待客人，反倒取走了窮人唯一的羔羊，烹煮給客人享用。

大衛王聽到這個故事之後憤怒地質問：「這個殘忍的人是誰？」拿單回答：「你就是那個人。」拿單知道大衛與忠心的士兵烏利亞的妻子拔示巴上了床，當時烏利亞正離家打仗。為了不讓罪行洩露，大衛安排讓烏里亞死於戰場，然後偷偷地娶了拔示巴為妻。在拿單犀利的指責下，大衛承認了罪行，並且努力彌補過錯。先知知道故事的力量往往可以讓人們改變人生的方向，但這些故事並非只為了讓人們意識到神的不滿，除了責備，也為未來提供了慰藉及希望。例如以下這個例子。

大衛王死後的四百年，以色列人被流放到巴比倫。他們在絕望之餘想起了心愛的耶路撒冷，此時，有人向他們傳達從上帝那兒得到的訊息。起初，這位名叫以西結的流亡者為了過往事蹟責罵他們：上帝召喚他們逃離埃及，並非希望他們像別的國家那樣，發展得富裕成功，在世界舞台昂首闊步，因為那往往代表了當權者只是利用神來實現統治的目標，將宗教視為政治的分支。然而，以色列的神，可不是供政客在權力遊戲中利用的偶像。神希望以色列能夠成為一個神聖國家，這個國家存在世上的唯一目的，就是事奉神。然而，以色列卻放任自己捲入權力遊戲，因此上帝才將他們放逐到巴比倫，藉此懲罰他們。

以西結將以色列人遭到流放，歸咎於他們所犯下的罪行，順道將一個有趣的概念引入宗教史。每當以色列人在居住地因權力鬥爭而受苦，先知不會將這些痛苦歸咎於敵方軍隊，反而歸咎於他們對神不忠。因此，這樣的想法誕生了：如果你發生壞事，並非是因為運氣差，而是神為了懲罰你所犯下的罪惡，才讓你遭受厄事。由於以色列一再發生壞事，也就表示神也不斷懲罰他們。然而，神有時也會停止責罰，回過頭來安慰以色列人。例如，上帝就透過以西結傳達了一項訊息。

這回，以西結不僅聽到了聲音，還看到了異象，這個異象為那些被俘虜的以色列人帶來了希望。以西結在異象中看見自己站在一座小山坡，眼前是布滿枯骨的遼闊山谷。一個聲音讓他對著枯骨說出預言：氣息會進入它們，它們會長出肉，它們將再度活過來。以西結按照指示說了，結果那些枯骨立刻連接起來，發出嘎嘎作響的聲音。接著，光禿禿的人類骸骨長出了肌腱、肌肉、皮膚，一時間山谷中布滿了屍體。最後，氣息進入屍體，這些身體站了起來，彷彿一支活力充沛的強大軍隊。那個聲音告訴以西結，這些骸骨是以色列人的骨頭，這些人以為自己死了被埋葬在巴比倫，但上帝很快會讓他們復活，將他們帶回以色列的土地。

事情正是如此。西元前五三九年，波斯人擊敗了亞述人，波斯國王居魯士將流亡者送回以色列，讓以色列人重建聖殿，重拾自己的宗教傳統。接下來的兩百年，以色列人獲准自行決定宗教事務。現在，他們終於實踐「以色列」這個名稱的意義：由神統管一切。他們不僅將自身視為由人類領袖所領導的國家，還自稱是由神統治的宗教團體，也就是一個**神權國家**。他們重建聖殿，那是上帝存在於他們之間的象徵，也是他們核心的存在意義。

西元前五一五年，聖殿落成。以色列自此不再設立國王，聖殿的大祭司成為該國最重要的人，被視為上帝在世間的代理人。正是在這段漫長的團結過程中，自亞伯拉罕以來的部分歷史消亡了，預言停止了！如今，不再是活著的先知為以色列人帶來上帝的指令，而是由彙編而成的經典取代。這些經典所匯集的故事，包括了神所指導的歷史，以及規範生活的各種法律。其中，最重要的是稱為《五經》或《五卷》的聖經頭五本典籍，這是古代抄寫員寫在紙莎草卷上的古籍。當時正值以色列人流亡結束的和平時期，以色列與上帝建立的長期關係終於付諸文字，他們從神聲的民族變成聖經的民族。

頭幾年，以色列人的宗教具備了一種實驗性，我們或可描述為「自由宗教」。它並非由專業的神職人員推動，而是由具有天賦的業餘人員來推動。這些人聽見神對他們說話，那正是所有宗教的起點。當有特殊天賦的人（先知或聖哲）聽到或看到異聲和異象，並將所見所聞告訴他人，獲得了信任，宗教組織就因此發展了起來。而隨著組織變得複雜，就會需要新的領袖，這些領袖不再是業餘神職人員，而是專業神職人員。好比說，宗教需要教師來詮釋那些被串連在一起的神聖故事，也需要祭司主持書中所記載、用來慶祝特定事件的節日，也需要一個舉行活動的神殿。隨著這個漫長的過程，世界上終於出現了一個成熟的宗教。

然而，人們多少會覺得有什麼東西在這個過程中丟失了。這正是宗教總是懷著渴望和遺憾回顧早期歲月的原因。就像情侶在熱戀初期的愛情消失後，往往開始厭倦同居，他們懷著渴望，回首過去輕鬆美好的日子。這就是為什麼所有宗教都願意花費時間回顧早年歲月，以重燃最初的熱情。不過，這的確困難，因為神聖的情人已經變得緘默，徒留文字。

稍微想像一下，有沒有一種可能：當神打了電話，而那些接管宗教的人卻不接電話，因為他們不想讓神打亂自己目前管理的體制？歷史顯示，這種緊張關係在有組織的宗教中無所不在。以色列人從巴比倫流放返回後，便開始鞏固自身的權力，將四散的骸骨聚在一起。此後兩百年間，它找到了先前耗費一千年努力尋找的和平。這段期間，以色列由各帝國統治，領導人也不干涉臣民的宗教信仰。結果，這種情況並沒有持續下去。

西元前三三三年，希臘國王亞歷山大大帝統治了世界上的大部分地區，以色列的另一個循環開始了。亞歷山大大帝允許以色列信奉自己的宗教，保留他們原來的樣子。然而在他去世後，現今所稱阿富汗、伊朗、伊拉克、敘利亞、黎巴嫩、巴勒斯坦等一部分的帝國，被一個風格迥異的領導人所接管。這個新領導者將自身的宗教信仰強加於臣民身上，因此，新的信仰與以色列精心守護的神再度發生衝突，只是遲早的事而已。

開戰的國王是安提阿古四世，這位希臘後裔企圖成為該地區的大國，而當他的雄心壯志受到打擊，他決定強迫猶太臣民脫離他們那位佔有慾極強的神，並接納精緻的希臘宗教與文化。西元前一六七年，安提阿古四世將耶路撒冷的聖殿改為供奉希臘天神宙斯的神殿，並派執行官到以色列，強迫猶太人向宙斯獻祭。

有人來到耶路撒冷郊外的摩丁村，命令村中的年邁祭司馬塔蒂亞斯（Mathathias）遵照國王的命令獻祭，否則就等著被處死。結果，馬塔蒂亞斯的回應可不是乖乖照辦，他將獻祭用的刀子捅死了執行官，讓他成為祭品。

然後，馬塔蒂亞斯與兒子向暴君發起了為期三年的戰爭。這三年間總共贏得三場戰役，重新奪回遭到玷污的聖殿。西元前一六四年十二月十四日，他們開始淨化和恢復聖殿，並將聖殿再度奉獻給神。他們花了八天才完成儀式，如今猶太人用光明節來紀念這段時期。這八天中，他們接連點燃了八枝蠟燭，緬懷耶路撒冷聖殿如何在遭到安提阿古四世的褻瀆後再度被收復。

安提阿古四世死於西元前一六三年，此後以色列人的生活變得輕鬆不少，至少維持了百年以上不甚安穩的獨立狀態。直到羅馬帝國在西元前六三年接管，最後的階段開始了。

· 11 ·

末日

壞事可能會發生在好人的身上。《聖經》的最終章將壞事比喻為「啟示錄四騎士」，分別是戰爭、饑荒、瘟疫和死亡。從一開始，這四個騎士就奔馳過歷史洪流，完全沒有減速的跡象，人類很難應付他們，而他們對那些有信仰者提出了特別的問題。如果你不相信神的存在，或者不相信存在有一個最終的意義，那麼，苦難就是你必須處理的現實。然而，如果你信仰神，就要回答一個問題：為什麼神會允許世界上有這麼多的苦難？為什麼好人往往受苦，壞人卻逍遙法外？所有宗教面對這些問題時，都有各自的答案。猶太教早期的答案是：以色列之所以受苦，是為了他們自己所犯下的罪惡而受罰。

本章將以色列民族的苦難（而非任何特定個體的苦難）作為討論對象，是出於一個顯而易見的原因：唯一的真神召喚了以色列成為祂所揀選的民族、祂的新娘或祂的摯愛。那麼為何這會變成代價極高的關係？為什麼這會對以色列人造成巨大的痛苦？先知以西結說，那是因為以色列人未能了解自己是神所揀選的民族，而一味複製別的民族的作法，涉入政治，甚至將真神錯當偶像來崇拜，誤以為神想得到的是奉承與祭品，而非正義及聖潔——這就是他們最終被俘虜到巴比倫的原因。但他們在獲釋返回耶路撒冷之後，已經記取了教訓。

他們再次回到以色列成立國家，並以宗教純淨為人生目標及意義。他們謹遵《五經》

的指示，在一天中進行著種種規儀，讓神一直處於民族意識的焦點。他們在生活各層面都為神服務，包括可以吃的食物、可以觸摸的東西，以及可以來往的人。以色列最終成為一個神權國家或說神之國度，宗教是這個國家存在的唯一目的。以色列人學會了與神及自己的同胞和睦的相處。後來，安提阿古四世破壞了和平，以色列人的苦難再度開始了。然而，這一次情況有所不同，這次是他們對神的忠誠才導致了痛苦。因此，「受苦是懲罰」這個古老的解釋不再有效，必須找到新的解釋。以色列受到安提阿古四世的迫害期間，另一個故事為猶太教引入了新的元素，不僅影響了猶太教的歷史，也影響了基督教及伊斯蘭教的歷史。

我們已經看到，眾先知（以色列歷史上的主要人物）並未預言未來，他們只是說出了上帝對以色列**過往**的怒氣。而在以色列人對抗安提阿古四世的過程中，有個新人物聲稱能預見死亡，洞見歷史，看到上帝為祂受苦的僕人所準備的未來。不過，這個人並未成為注目的焦點，或宣稱某個聲音對他說了些什麼，他反而像個間諜那樣處於暗處，將所見所聞寫成文字。此外，他也像間諜那樣從敵人地盤傳遞消息，將訊息轉為密碼，只有他所屬陣營的人才能夠解讀。

這種傳遞神的秘密情報的方法稱為「末日啟示」，這個讓人望之生畏的希臘文，意指為了揭露隱藏的內容而將布幕拉開，顯現舞台上正在發生的事。我們最好把末日啟示的作者當成間諜，他們參與了上帝對敵人做出反擊的計畫，並被派出去告訴神的子民，必須為抵抗入侵做好準備。

第一位末日啟示的間諜自稱但以理，他把訊息寫在一本簡短的書籍中，只有猶太讀者能理解。書中背景設定在數百年前以色列人遭流放時期的巴比倫，其實那是關於安提阿古四世迫害以色列人的編碼描述。撰寫那本書的同時，迫害正在發生。這本書包括六個故事和幾個夢，而最著名的是但以理本人的故事，目的是向猶太人保證，他們在經歷迫害之後，一定能夠倖存下來。

在這個故事中，但以理是被流放到巴比倫的猶太人，他已成為波斯帝國官員，獲得居魯士二世的兒子大流士一世的賞識。居魯士二世允許猶太人返回猶太（Judea，古代地名），不僅是因為但以理忠於他的神，也因為他能夠勝任行政官員的職位。然而，但以理的卓越成就引起了其他官員的嫉妒，他們對他設下陷阱。這些官員對大流士一世百般奉承，建議他頒布法令：一個月內，除了大流士一世，帝國中的任何人不得向任何神明祈禱，違反法令的人將被扔進獅子窩裡自生自滅。後來，大流士一世果然頒佈了這項法令，這讓陰謀策劃者欣喜不已，他們知道但以理會無視這些規定，堅持向以色列的神祈禱。

他們悄悄來到但以理的家偷窺，果然發現他正在祈禱，於是向國王告發了這件事。礙於法令已經頒布無法挽回，國王只好懷著悲傷的心情，將但以理送進了獅子窩。沒想到，但以理與獅子共度了一晚之後，隔天早晨竟毫髮無傷地出現在眾人面前！但以理的讀者明白這個故事並非三百年前在巴比倫發生的事，而是以色列人因忠於上帝而受到安提阿古四世迫害期間所發生的事。但以理告訴他們，就算有朝一日會被丟進獅子窩，只要站穩腳步，上帝就會拯救他們。

這本書旨在鞏固以色列人抵抗的決心。然而，那不是但以理唯一的重點，他不只想安慰痛苦的以色列，還想讓它為了上帝對抗敵人的戰役而做好準備。前文提到，印度聖哲將時間視為一個轉動的輪子，靈魂努力掙扎以求逃離輪子，進入極樂的空無。然而，猶太思想家有不同的看法，他們認為時間是神所射出的箭，到達目標就會終止。但以理說，末日就快來臨了，在時間飛逝的終點，以色列的苦難終將獲得昭雪，之後，所有歷年的死者都將復活與造物主見面，並接受審判。但以理為以色列帶來了「永生」的概念，以及最終清算（一切宿怨會根據神的律法來解決）的信念。

以色列人對永生幾乎不感興趣，直到這一刻。以前他們認為人們遲早會遇見上帝，但死者已經離開了人間前往陰間，而陰間是個「遺忘之地」，連上帝都會被遺忘。然而，但以理的說法改變了一切：原來到了歷史的終點，上帝就會出現在世界上，「沉睡於塵土者會醒來，有些人永生，有些人受到羞辱與永恆的鄙視。」**死者復活**是猶太教的新概念，而且存在著極大爭議，終有一天猶太教的導師會分為相信和不信這個概念的人。然而，這個概念也隨著時間加速傳播。但以理不相信人們會在死後逐一復活，而相信所謂的**集體復活**：每個人都將在墳墓中沉睡，直到上帝終結歷史，人們將同時復活並接受審判。而且，這件事將在不久的未來實現。

但以理還有個宏大的願景。為了向人們表明末日將近，上帝會派出秘密間諜「**彌賽亞**」，讓他們為最終的攻擊行動做好準備。彌賽亞意為「受膏者」，昔日猶太人在任命國王來領導時，會用膏油塗抹他的頭，以示他是神的僕人。但以理告訴以色列，痛苦與悲傷很快就會結束，彌賽亞的到來，就是末日的跡象。但彌賽亞並非來自外太空，他不會從天而降，而是混跡在人群之中，最後他會洩露行蹤，他的身分會被揭露——所以，也許他已經來到這裡了。所以要睜大眼睛！但以理利用這個方式為以色列帶來了希望：苦難終將結束，上帝會拭去他們的眼淚。因此，他們開始尋找彌賽亞。然而，彌賽亞從未到來，情況每下愈況。

西元前六三年，羅馬人接管了巴勒斯坦，相較於慘烈的戰事，安提阿古四世對以色列人的迫害簡直就像在玩家家酒。羅馬人接管後持續了一百五十年的動盪，這段期間不時地爆發戰事。耶路撒冷的聖殿再次成為受攻擊的對象，對於猶太人來說，聖殿比人命更寶貴，它供奉著上帝的象徵，這個神在一千年前曾召喚他們離開埃及。不過，猶太人對上帝的熱情讓新統治者羅馬人感到困惑，羅馬人認為神明多得是，一個明智的人不該對神靈如此重視，為什麼以色列的神能驅使猶太人冒著生命風險來表達忠誠？

傳說羅馬的龐培將軍在西元前六三年攻克耶路撒冷時，決定在猶太人的聖殿尋找這位猶太人的神。這個聖殿由一系列散發著神聖氣息的院落所構成，龐培大步行經院落，直到抵達「至聖所」，這是聖殿中最神聖的區域，只有大祭司可以進入。龐培恭敬地步入至聖所，滿懷期待地凝望以色列的神，卻發現那裡**空無一物**！

因為猶太人知道**沒有任何東西**能代表縈繞他們心頭許多世紀的聲音，第二誡已經深植於他們的靈魂之中。他們運用石雕和一系列美麗的院落打造了宏偉的聖殿，他們從古至今深深尊崇這個聖殿。然而，龐培發現聖殿的核心區域竟然空空如也！這個宗教的神之象徵竟然是一個空蕩蕩的房間，龐培困惑不已之下轉身離開了。

下一個世紀，羅馬人的困惑轉為怒火，他們很難接納這個固執的民族，以及他們那個難以捉摸的神，決定將猶太人毀滅。西元七〇年在提圖斯（Titus）將軍的帶領下，羅馬人將耶路撒冷夷為平地，摧毀了龐培在一百四十年前造訪之後、被大規模擴建的聖殿。提圖斯心想：事情終於結束了，我毀滅了他們。然而，猶太人並沒有被摧毀。他們在再一次的漫長流亡中分散各地，並且失去了一切——除了對他們而言最重要的神。他們知道沒有任何建築能供奉他們的神，他們也懷疑那些自認能在文字所構築的世界中供奉上帝的人。在忍受著顛沛流離的生活，並等待彌賽亞到來的這段期間，他們發展出一個傳統：反對以人的觀點來定義神。

然後，一個重要又討人厭的角色出現了：異教徒。異教徒讓人不自在，他們提出尷尬的問題，挑戰主流的思想。異教徒有很多事情教給我們，而就在猶太聖經中，我們發現了這麼一位知名的異教徒。

· 12 ·

異端

當年美國總統約翰・甘尼迪希望減少全球的核彈數量，因為他認為核彈會讓世界變得更危險。他遭遇許多反對意見，最直言不諱的批評者是一位核子物理學家，他相信美國擁有越多核彈，才越安全。被問及此事，甘迺迪指出，如果一個人對一件事抱持著完全的信念，尤其如果他是個專家，那麼他的論點必然會讓任何擁有開放心胸的人感到動搖。甘迺迪接著說，這就是思想封閉的優勢。

對一個思想封閉者來說，人生僅存的奮鬥，就是將自己的觀點強加於人。這種「確切必然」的專門用語就是所謂的**「正統」**。這個詞源自希臘語，意為準確或正確的信念。甘迺迪總統反對正統的核彈觀點，所以像他這樣的人便成為異端。他的意見成為異端思想，這又是另一個希臘文，意指反對集體路線的人。

人類生活處處可見正統思想與異端思想，它們在宗教方面尤具影響力。觀察它們所造成的影響將有助於我們去理解，為何宗教之間總是紛爭不斷，有時甚至產生激烈的衝突。然而，多數宗教都始於異端思想。先知回應了內在的聲音，那個聲音挑戰當前的觀點，就像亞伯拉罕在父親店舖裡嘲笑神明一樣。接下來通常會發生分裂，持異端看法的人會離開去成立新的宗教，或建立一個與原有宗教競爭的派系。有時，持異端看法者會勝出，他們的想法便成為新的正統觀念。至於原有封閉的思想怎麼辦？如果不是繼續故步自封，就是為了避開新的靈感而流傳他處，再不然就是廣而闊之，將新的洞見吸納進來。

猶太人比其他一神教信徒更擅長適應這個過程，打從一開始，爭論與分歧就是他們生活的重點。當然，所有宗教都會出現不同的意見，但多數宗教會盡快結束爭論，實施單一方式，強制命令教徒必須接受，以保持嚴格的秩序。不過，猶太教從非如此，它深知所有宗教都有可議之處，與其將想法鎖在鐵盒、扔掉鑰匙，不如進行爭辯。我們在猶太聖經的核心發現了名叫「約伯」的異端分子，他聲稱他的理想與當時的正統思想是互相抵觸的。

約伯的故事成為民間流傳的故事，但一位默默無聞的詩人在流放巴比倫期間，開始研究起這個故事，將之當作探索苦難問題的方式；而猶太人很可能比其他民族更需要解決這個問題。在大帝國的行動下，其他國家和民族或許在歷史上就此被抹除，至少苦難會結束，但猶太人的苦難似乎永遠不會結束。西元七〇年，猶太人亡了國，被剝奪土地的他們面臨流浪的命運，所到之處都受到排斥。他們在每一處都無法獲得安穩的日子，必須不停打包行囊，為下次的出走和流亡做好準備。

他們失去了土地和聖殿，卻保留了經典作為精神家園，在下一次被驅逐時，可以將它塞入行李。即使這些書籍被奪走，他們也能從熟背的《五經》經文中記住其精華。他們稱之為《聽命誦》（*Shema*），這是意為「聽」或「聆聽」的希伯來文：「聽啊，喔，以色列，耶和華是我們的神，是唯一的主。你要盡心、盡性、盡力愛你的神。」根據古老的猶太傳統，但以理曾在獅子窩裡背誦《聽命誦》，最後毫髮無傷地存活了下來，他的故事鼓舞了那些總是處於險境的以色列人。然而，既然猶太人的命運已經在獅吻中磨得粉碎，還有什麼能夠鼓舞猶太人？為何受苦變成以色列人的**人生**？

那是《約伯記》要回答的問題。對於這個猶太同胞問了數個世紀的問題，約伯無法給出有一個把握的答案。他的所做所為摧毀了正統觀點，也就是——上帝因為他們的罪行而懲罰他們。這是宗教史上的重大時刻，它為我們呈現一個事實：當純樸的人看到錯誤的概念，就會知道那是錯的。然而，他的宗教告訴他，那不可能是錯的，因為上帝說的都是對的！所以他問自己：是否上帝說某件錯事是對的，它就是對的？不，錯就是錯，無論上帝說了什麼，或者祭司告訴我上帝說了什麼，我仍舊知道這些解釋依然是錯的，就算天塌下來，我也要這麼說。約伯無疑是《聖經》中昂然挺立並挑戰教義的異端分子。

我們在〈約伯記〉的開頭得知約伯是個好人，為人正直，而且極其富有。除了育有心愛的七子三女，他坐擁七千頭綿羊、三千頭駱駝、五百頭牛、五百頭母驢、數不清的僕人和財產。就當時幣值來看，他富有得無法估算。然而短短幾天內，他被奪走了一切。他的牲畜被偷、僕人及孩子相繼被殺害，他自己還罹患了嚴重的皮膚病。他坐在垃圾裡堆用破陶片搔癢，他的痛苦毋庸置疑。妻子告訴他，他應該咒罵上帝，並且一死了之。但對於自身的苦難，約伯這麼回應：「我出生時就是赤裸裸來自母親的子宮，現在也該赤裸裸地回去。神賜與，神拿走，神的名應受稱頌。」

下個場景，是有三位朋友來找約伯，他們自稱是來安慰約伯的，其實是要審問他。他們是那種對一切都有答案的信徒，甚至對於壓垮約伯的巨大損失，也有一套說法。提幔人以利法、書亞人比勒達、拿瑪人瑣法在這位受打擊的朋友面前展開了質詢。他們一再述說同樣的事，而且益發憤怒。但首先用「官方說法」解釋約伯情況的，是提幔人以利法。以利法說，清白無罪者永不毀滅，邪惡的人必定受苦。你正在遭受痛苦，所以請告訴我們，你做了什麼壞事，導致這些苦難落在你的身上？約伯拒絕接受他們用這種邏輯指責他。他認為，無論上帝為了什麼原因打擊他，他都不可能是因為有罪而遭此苦難。約伯自認是個義人，沒做過任何必須落得這種下場的事。

約伯的朋友並沒有一顆開放的心胸，他們從未想過官方理論有可能是錯的。因為一旦接受這種可能性，他們井然有序的宗教宇宙就會崩解。與其陷入懷疑，不如堅守原來的路線。不過，約伯堅稱是教義錯了，因為他確定自己沒做過任何應該承受家庭破碎與財富損失的事。

約伯這個平凡人被迫置身於一個不尋常的處境，他不屈服於別人的指控，而是鼓起勇氣挑戰殘酷的理論。即使他這輩子都不可能證明自己的清白（永遠不可能負面舉證某件東西為真），但他相信自己死後，上帝會維護他的聲譽：「因為我知道我的救贖主活著，末了祂必存在於世界上。我這身皮肉毀滅後，我必在肉體之外得見神，我要親自見祂，我要親眼見祂，而非他人代我而見。」

所幸，約伯無須等到死後才能獲得清白。後來上帝親自現身，譴責了那些試圖指控他冒犯神明的人：「神對提幔人以利法說，我對你與你的朋友感到生氣，因為你們議論我的那些說法，還不如我的僕人約伯說得正確。」得到神的祝福的人，竟然是個異端份子！而非那些動不動就搬出官方說法的正統派教師。

然而，就連上帝也不被允許挑戰故事中的正統教義。後來某位作家因為上帝認可約伯的異端思想而心煩意亂，於是為這個故事續寫了美滿的結局：上帝賜予約伯比先前多了兩倍的財富，藉此恢復古老的理論，亦即好人有好報，惡人則因其惡行而遭受到報應。這個故事的精神在於，它讓我們看到作用中的異端思想與正統觀念，並讓我們的內心得以更加堅定。

思索這個故事時，我們不妨回顧一下〈第二誡〉對於偶像的厭棄，它警告以色列人不要以為能用小巧美麗的包裝，將神包裹起來推向宗教市場。然而，那往往是有組織的宗教會做的事，它們把神侷限在某種正統觀念中，試圖強加於人。正如約伯的朋友並沒有為約伯所承受的打擊感到困惑，反倒稱是上帝造成了約伯的處境，堅持要約伯接受這個解釋。

高度發展的宗教正統很愛做這種事：告訴人們該怎麼思考，向他們解釋事情的意義，以及上帝如何介入這種情況。面對滔滔不絕的教義，你就像受困於一輛公車，駛在漫漫長路上，身旁坐著患有強迫症的健談者，徹夜向你傾洩他的執迷不悟。

提幔人以利法、書亞人比勒達、拿瑪人瑣法這三個典型的宗教狂熱者自認無所不知，對他們遇見的每個人大談自己的悟道。〈約伯記〉之所以了不起，就在於為了闡明觀點，這些論述冒著被求道者抱怨極其無聊的風險，而傳遞一個訊息：別太肯定自己知道神的真貌和意旨。

猶太人比其他多數信徒更適應這種不確定的情況，他們不會試圖將自己的神強加於人，因為他們忙著與神進行爭論，根本沒時間這麼做。況且，他們也還處於爭論之中。

不過，我們得接著探索另一個宗教「瑣羅亞斯德教」，只好任由猶太人繼續與神進行漫長的爭論。這趟歷史之旅將帶我們回到波斯，當時約莫西元前六〇〇年，亦即佛陀的時代。但首先，我們先在中途的印度停留。

・ 13 ・

最後的戰役

在印度西岸城市孟買的南部，遊客可以透過望遠鏡一窺馬拉巴爾山頂的神秘石塔。此處禁止民眾上山參觀，但如果使用無人機拍攝，可以看到石塔的平頂和周圍的矮牆。這些屋頂共分成三個同心圓，攝影機可能會拍到正在屋頂上停留的鳥，牠們大啖放置在此處的人類遺體。第一圈是男人遺體，第二圈是女人遺體，第三圈是孩童的遺體。

無人機揭露的畫面並非人類對死者毫不在意的冷漠行為，而是對死者展現深切敬意的成果。這是印度最小的宗教社群帕西人（Parsees）的古老葬禮。帕西人認為遺體是不潔的，將遺體就地埋葬會玷污大地，加以火化則會玷污火焰。此外，他們相信必須善待那些能讓大地保持乾淨的食腐動物，因此他們建造了「沉默之塔」，將死者屍體暴露於炎熱的陽光及烏鴉和禿鷹的尖喙之下。

一旦遺體被放置在塔上，腐肉很快會被吃掉，骨頭被曬到褪色碎裂，接著，他們將這些骨頭集中在石塔中央的骨室，讓骨頭慢慢回歸塵土，並從土壤中再度被沖進大海。因此，人類死亡時失去的身體成為食腐動物延續生命的餽贈，一切回歸自然，完全沒有浪費。

儘管建造沉默之塔的帕西人已在印度居住多個世紀，但正如其名，他們最初來自伊朗，希臘人稱呼這個位於印度西北部的地區為「波斯」。帕西人信奉著起源於伊朗的瑣羅亞斯德教，當時約莫西元前六世紀，正值以色列人被放逐到巴比倫的時期。

除了印度的帕西人，目前世界上沒剩下多少瑣羅亞斯德的教徒，但瑣羅亞斯德教對於包括猶太教在內的其他宗教，卻產生了深遠影響。既然基督教和伊斯蘭教（世界上信徒最多的兩個宗教）都源於猶太教，那麼我們應該將瑣羅亞斯德教的創始人瑣羅亞斯德，視為歷史上極具影響力的宗教人物。我們無法確認瑣羅亞斯德的生日，因為當時鮮少記載人們的生日，他可能出生於西元前六二八年，並在五五一年遭到敵對的祭司殺害。

祭司瑣羅亞斯德遭到另一位祭司謀殺這件事，提醒我們宗教的一個明顯特色：以暴力來爭執的本事。之所以如此，是因為宗教的源頭往往難以追尋，無法使用例如測量島嶼大小的科學方法來調查事實或解決爭端。宗教的起源杳不可知，那個處於現實之外的另一個現實，它的秘密只能由自稱看穿奧秘的「先知」向我們揭露。也就是說，先知對世界宣布他們聽到的內容，然後一個新宗教就此誕生。

然而，由於每個新宗教都被視為是對舊宗教的攻擊，因此舊宗教的祭司總是聯合起來對付新宗教的先知，這種事不足為奇。這就是為什麼宗教史上某位大人物曾說，先知總得為自己所看見的異象遭罪或喪命。瑣羅亞斯德原本是一個古老宗教的祭司，後來成為新宗教的先知，他注定惹上麻煩。

最單純易解的宗教紛爭，就是多神論者與一神論者的爭執，這是相信宇宙中充滿神明的人們，以及相信唯一真神的人們，兩方所產生的爭執。亞伯拉罕是首位一神論者，而瑣羅亞斯德絕對有資格跟他齊頭並列，只不過，瑣羅亞斯德從異象中看到的事物，以及從神那兒聽到的內容，遠比亞伯拉罕揭示的事來得複雜多了。因為瑣羅亞斯德與許多宗教夢想家一樣，為了一個問題而困擾不已。

一神論或許消除了無數神明互相競爭造成的混亂，卻也帶來了難題。如我們所見，以色列人的難題就是苦難，為什麼被上帝揀選，會帶給他們持續的痛苦和悲傷？然而，瑣羅亞斯德遇到的難題更加困難，也更普遍。受苦者問他，為什麼壞事會發生在好人的身上？瑣羅亞斯德希望能夠理解最初的善與惡是如何進入這個世界。對人類而言，生命是一場生存戰爭，人類不只要對抗大自然，還得對抗同類，這種邪惡來自何處？受苦者會獲得補償嗎？施加痛苦的人會受到懲罰嗎？這些問題讓這位波斯古老多神教的祭司瑣羅亞斯德拋開了原本安分的生活，就像許多靈性探索者那樣，他花了多年時間獨自冥想，思考邪惡的本質，終於獲得解答。在一系列的異象中，他發現善惡之間的鬥爭遠比人類歷史來得悠久多了，那起源於神的心！

確實有一位至高無上的神存在，瑣羅亞斯德稱之為「智慧之神」或阿胡拉・馬茲達

（Ahura Mazda）。不過，他在這個神的生命中發現了複雜之處：起初，智慧之神有一對長得不太一樣的雙生子，他允許他們選擇自己的道路。其中一個選擇善良與誠實，另一個則選擇了邪惡與謊言。因此，這個世界與身在其中的每個人，都成為善惡爭鬥的競技場。而在這場爭鬥中，這對雙生子也彼此鬥爭，試圖贏得人們的支持。我們也像智慧之神的兒子，必須選擇要站在哪一方。

瑣羅亞斯德將善惡的鬥爭往上溯及了神的生活，卻並未真正解決問題，得要由智慧之神說出祂最初選擇創造出邪惡、並擺布自己孩子的原因，問題才有一個完整的解釋。然而，瑣羅亞斯德所做的，就是以傑出的能力將我們的處境給戲劇化，他像個優秀小說家那樣將人類生活描述成一系列的戰鬥，而我們的道德鬥爭確實助長了戰爭的語言。我們對抗癮頭，對抗誘惑，有時也產生了邪惡的念頭，這些念頭像病毒般感染人類的心靈，促使人類採取可怕的行動。例如，種族主義就是一個很明顯的例子。

然而，瑣羅亞斯德不僅是個真實反應人類經驗的劇作家，他還跟但以理一樣，是個末日啟示者。他的目光穿透歷史，直至神將這個世界的故事劃下句點。正如一個好故事需要在最後收束鬆散的結尾，提供令人滿意的解答，這種作法在宗教中特別強烈，因為宗教將歷史視為一個具有開頭、中間、結尾的過程，而非一個圓形或轉個不停的輪子。

瑣羅亞斯德不認為善惡將陷入僵局，而認為這個世界終究會迎來最後的清算，智慧之神創造善惡的目的是為了給予我們選擇命運的自由，以及選擇正確命運的時間。而且，祂並非對我們做出的選擇漠不關心。選擇行邪惡之事的人，之所以會成為悲劇，就是他們不夠高瞻遠矚，無法看見行動導致的後果。

每種選擇都有助於形成一個人的性格，最終審判也來自於這個人最後成為了一個怎樣的人。人在死亡後，靈魂必須越過審判橋或清算橋，進入為自己準備的命運。這座橋有如剃刀般狹窄，一側是天堂，而天堂下方則是地獄。如果靈魂沒有因為邪惡而變得沉重、墜入地獄，就是變得輕盈，如跳舞般輕鬆進入天堂。事實上，這甚至不是瑣羅亞斯德所見末日異象中最戲劇化的元素。邪惡本身存在的問題還是必須解決，因為正是這種邪惡將人們拖離通往天堂的橋樑。瑣羅亞斯德的解方在於他所謂的「創造最後的轉折」。也就是說，智慧之神最終會摧毀雙胞胎中邪惡的那一個，讓善良正義的一方獲勝。智慧之神會讓意為「帶來好處者」的救世主蘇什揚特（Saoshyant）出現，擊敗邪惡，讓世界重新開始。

瑣羅亞斯德主張的教義栩栩如生又震懾人心，為宗教帶來許多新鮮的主題：比如說，人在死後會接受審判，若非迎來上天堂的喜悅，就是落入地獄的折磨。以及，世界末日大戰之後，神會派遣救世主前來摧毀邪惡，建立公正與正義的世界。我們留意到但以理在安慰受苦的以色列人時，也運用了相同的概念，或許這是猶太人在流亡波斯期間學到的概念。這提醒了我們一件事：宗教之間並非彼此隔絕，而是大量地異質相融。

瑣羅亞斯德遭遇到不少反對者，但也獲得大量的支持。他的教義被集結在《阿維斯陀》這部聖典之中，異端轉為正統的過程就這麼開始了。瑣羅亞斯德教教徒始終不信偶像，但他們確實擁護一個智慧之神的象徵，也就是「火」。他們在神殿中燃起聖火，這正是他們常常被描述為「拜火者」的原因。他們維持著神殿聖火燃燒不滅，不過，這只是象徵著智慧之神的永恆生命。

他們告訴信徒，如果生前奉行善念、善言和善行，死時靈魂就能加速通過審判橋，而他們放置在沉默之塔屋頂上的遺體，也將成為飛鳥的禮物。目前在伊朗山頂仍可發現沉默之塔，以紀念這個昔日的宗教。然而，瑣羅亞斯德教逃不過相同的法則，它取代了先前的信仰，但也隨時間逼近而走向終點。瑣羅亞斯德教在它的誕生地伊朗流傳了許多個世紀，但一千三百年前，它被伊斯蘭教給取代了。就在此時，瑣羅亞斯德教教徒長途跋涉到印度，在那裡再度點燃聖火，建造沉默之塔，而且遵循著心懷善念、說好話和做善事的精神。儘管教徒人數很少，但傳續到今。

在下一章開始之前，我想回顧本書討論過的一些觀點，總結學到的東西。耆那教的「盲人摸象」寓言是個很棒的開場白，它所傳達的訊息是：由於人類的眼界有限，無法完整獲知終極的真實，因此應該對自己的宗教主張抱持謙虛的態度。儘管有這些提醒，但宗教的先知與聖哲甚少懷疑自身的信仰，因為他們「看見」或「聽見」了人類與終極真實之間的帷幕背後的東西。我在「看」與「聽」這兩個動詞上加了引號，是提醒大家，我們必須自行決定如何回應他們所聲稱的經驗，因為他們都看到了不同的事物，或透過不同的方式看到了相同的事物！

好比說，印度聖哲看到業力與輪迴之輪，以及時間無止盡的循環，這些概念最終成為印度宗教的核心教義。猶太先知看到唯一的真神，在時機成熟時將派遣彌賽亞終結歷史，許多猶太教徒至今仍抱持著希望。瑣羅亞斯德看到世界末日來臨時，善惡之間的最終衝突，而善良最後獲勝。儘管每個人對此都有不同的解釋，但比起當下發生的現實，這些宗教創始人對他們看到的未來更感興趣。

然而，下一站來到中國，我們會發現中國聖哲對於如何過好這一輩子，比對來世更感興趣。現在讓我們沿著世界上最長且最古老的貿易路線「絲路」向東前進，了解更多訊息。絲路將帶我們抵達中國，以有趣的觀點看待儒家的生命態度。

· 14 ·

世俗宗教

絲路沿著印度北緣進入中國，約於西元前二〇六年開通，當時有一位中國皇帝曾派遣商賈西行，販售中國最重要的輸出品絲綢給印度人。絲路不久便擴展到四千英里的長度，抵達歐洲邊緣的地中海沿岸。騎馬的商隊沿著絲路而行，將絲綢和其他商品帶到西方世界，並將羊毛和織物帶回東方。然而，在這條著名的道路上，被運送的東西不僅止於絲綢和商品，還交流著各種想法，以及輸入了宗教。佛教被商人從印度帶進中國，成為中國三大宗教之一。

但中國人對於宗教有自己的態度，最貼切的描述是**務實**（'practical'），這是帶有「直截了當」意涵的希臘語。這個詞來自英語「practical」的字源，意指行動而非理論，意指正確的作動，而非正確的想法。就連中國早期的多神論，也是務實和講求實際的。中國諸神代表著自然力或變化莫測的天氣。中國人在儀式中籲求神明賜予讓他們生存有利的條件，祛除那些可能傷害到他們的事物。他們的至高神「天帝」，降雨澆灌他們賴以維生的農田。但有雨的地方就會有水災，引發水災的神是共工。而有水災的地方，有時也會發生旱災，魃就是造成旱災的神明。對人們而言，還有什麼比可以養活他們的食物更重要？因此，稷神后稷是用來頌揚在田地中結出穀物的草類的重要性。

可見，維持這些自然力量的平衡，是一件有意義且務實的事。宗教無關乎相信什麼，而關於如何行事，這是管理自然力量以求為人類社群提供好的結果的明智方法。除了試圖管理自然神祇，中國人還有許多設法規避的惡靈，例如惡魔、妖神、吸血鬼、地精、小妖精和龍。為了嚇走祂們，中國人發明了煙火，他們至今仍熱中在節慶中施放煙火的壯觀場面。

中國人固然以務實的態度回應自然力量，但他們的多神論鮮少具備原創性。中國神祇是遠古人類凝望自身所處的宇宙，在驚奇之餘的共通想像。到了西元前五、六世紀，中國人對於生活的務實態度取得了新的方向。大約同一時期，佛教徒和耆那教徒反抗印度的宗教，而流亡的猶太人則重新思考他們的巴比倫上帝的本質，這時我們發現了中國思想家的不同心境。中國聖哲將富有創造力的心靈運用於思考**今世**而非來世，當中最重要的賢者，當屬孔子。

孔子意指孔夫子，亦即孔大師，這是我們給予孔丘的稱謂。在當時分裂的中國，思想高超的孔丘擔任某個國家的官員。關於他的生平事蹟，我們所知有限，但從他的著作中，我們看見一位心胸寬大的智者，對後世發揮了長久且重大的影響。孔丘出生於西元前五五一年的中國亂世，時值各國相互競爭，國君彼此不斷征伐。正如同二十一世紀的政治家和思想家，他們努力為困擾現今人類的問題尋求答案，當時的聖哲也設法為中國的困境提供解方。他們提出的解決之道，無異於現今政治家們的建議，那就是以暴制暴、以戰止戰，以更大的力道還擊敵人，製造更巨大的槍砲和更致命的炸彈，以及找到更強硬的領導者來當壞人。縱觀歷史，政治謀略讀起來通常像好萊塢最新強片的劇本。

但孔子的路線不同於他人。他告訴窮兵黷武的軍頭們，應以照顧人民福祉為依歸，而為了達成這個目標，應當任用那些接受過倫理學訓練、且擅於處理人類紛爭、毋需訴諸暴力的大臣來治國。這些國君對孔子的智慧心悅誠服，私底下表示認可，但沒有人打算將他的想法付諸實行。

孔子不僅擁有智慧，也深具耐心，他花費大半輩子向門下弟子闡述他的理想，冀望有朝一日某位開明的君王能實現他的理念。孔子於西元前四七九年去世，但他的門徒已經將他的教誨記錄成冊，他們的時機終將到來。約西元前一〇〇年，某位皇帝採行了孔子的想法，這些思想遂成為中國的主流哲學，直到一九一二年推翻帝制。甚至在目前的共產主義中國，孔子學說依舊具有影響力。

孔子的主要思想與個人主義背道而馳，或者說，他站在獨自對抗社會及其侷限處的對立面。孔子教導我們，打從出生的那一刻起，我們就被置於關係的網絡中，如果沒有這層關係網絡，我們便無法生存。有益於群體的事物，就是有益於個人，儘管這有時意味著個人必須摒除私欲。生活必須建立在關係之上，人人都是整體社會的一員，一旦脫離社會，個人就像被斬斷的四肢，無法獨自存活。

同理心是黏合這個整體社會的膠水，也意味著一**起受苦**。一個富有同理心的人會對他人的經驗感同身受，從他人觀點看待事物。從孔子那裡，我們獲知一種為人準則的最早表述，分別以正面和反面的形式呈現：「你希望別人怎樣待你，你也要怎麼待人。」或者：「已所不欲，勿施於人。」關於這種理解他人的精神，孔子稱之為**仁**。為了符合中國人的實用主義，我們最好將「仁」視為一種行動，而非作為理論來理解。如果你犧牲生命來拯救別人，你便是在行仁。如果我存了幾個月的錢想買個小玩意兒，結果在前往商店途中將錢給了一個無家可歸的難民，我就是在行仁。仁是人類所能做到最高貴的行為，是將別人的重要性放在自己之前。這是孔子希望在政治人物和領導者身上看見的精神，他希望為政者能關注人民的福祉，而非自己的野心。他也希望一般百姓秉持著同樣寬宏大量的精神，來論斷那些在艱困時期努力做好統治工作的領導者。

儒家藉由教導人們要有耐心和體諒別人的同理心，來處理社會上的不滿和衝突。這正是為什麼在實踐上，它牽涉到一種近乎形式化的禮貌。當我們明白人類關係之複雜、且需要小心處理時，就必須具備禮貌和耐心這兩項特點。直到現在，人際關係互動中的禮貌，似乎更常在有耐心的東方人（而非急躁的西方人）身上發現。

但是，如果要更周全地理解孔子的學說，不是應該將它當成一種哲學（而非宗教）嗎？定義哲學與宗教的差別將有助於我們解決這個問題。**哲學**（philosophy）是另一個有用的希臘單字，意思是喜愛各種智慧。而稱作「道德哲學」的那種智慧，是在研究如何以最好或最明智的方式，在世間生活。至於宗教，宗教更關切的是存在於這個世界之外的**彼處**，以及我們在生命結束之後的境況。

這些並非孔子學說感興趣的問題。孔子學說將精力投注在處理人世間的生活，為的是人類整體利益，而非贏得功德，或避免來世受到懲罰。生命是讓人用來好好過活的，不只是做為死後可能發生事情的序曲。然而，孔子學說中有一個層面，使這些論述進入了宗教的領域，那就是它對死亡的態度和對祖先的崇敬。但是，這也可以理解成視人類在社會中成為一體的哲學思想的延伸，即便死亡都無法切斷彼此之間的連繫。正因如此，在儒教社會中，人們衷心為死者哀悼，而且不時懷念他們。在中國社會，服喪期的長短不一，但對死者的子女來說，時間可能超過兩年。這段期間他們不工作、沒有性行為、只吃最簡單的食物、穿著粗服，而且通常不玩樂。

對孔子而言，崇敬祖先的思想，不僅止於哀悼他們的去世，因為死者並沒有就此消失，我們也不會因此失去和他們的接觸。他們可能離開這裡而到了別的地方，但他們依舊繼續存在於我們的生活之中，因為我們雖然看不見他們，但不代表他們不在我們心中。這正是為什麼清明節是儒家最喜歡的春假，那時家家戶戶會去探訪祖先的墳墓，與他們交融，再度歡若生平。禮貌和對一切人等的尊敬——即便他們是死者——是孔子學說的特徵。

但孔子學說從未在中國獨行其是，它是三種幾乎可互換的人生態度之一，其他兩種則是道教和佛教。在下一章中，我們要探討道教，然後再檢視佛教，看看佛教終於在西元第一世紀抵達中國之後所發生的事。

· 15 ·

道

孔子學說縱使易於理解，卻顯得有點嚴肅，並不太有趣。而中國的另一個傳統道教，則剛好相反。道教容易讓你的腦筋轉不過來，可是一旦你得知竅門，它可能變得很有趣。如同其他宗教的聖哲，道教的創始者發現了某種道理，讓他們彼此不同的，是這個道理的出處。印度教的聖哲認為，這個世界以及我們在世間的生活都是假象，想獲得拯救，就必須破除這些假象。猶太先知認為，上帝總有一天會終結世界，並審判世人在世界存在期間的所作所為。對這兩個宗教而言，世界和人在世界中的地位，是一個必須解決的問題，它們往外找答案。

道家則有不同的想法。他們關注的是這個世界，並且喜愛他們所看見的東西。世界合一的和諧一致與相互依賴令他們感動——當中的人類除外！人類與宇宙的運轉並不同步，因為自私心使得人類悖離了自然的節奏。平和之道在於恢復人與大自然的和諧關係，以及按照大自然的節奏生活。然而，道家表達這個道理的方式讓有些人難以領會，他們要人們遵循宇宙的**道**，卻沒有解釋「道」是什麼。更教人犯難的是，他們告訴人們，除非你已經領悟道，否則無法學習道。他們還說領悟道的人不會談論道，而談論道的人根本不明白道為何物。讀到這裡，你大概正絞盡腦汁想弄清楚所謂的「道」到底是什麼。如同任何明白事理的人，你希望事情有一個解釋，你想知道這是怎麼一回事。你心裡這麼要求，但道家只是親切地對著你微笑，什麼也不說，讓你更加惱火！

不妨回想一下你人生中的某些時刻，你拼命想做好某件事卻無法成功，可是一旦放棄了掙扎，事情反而水到渠成。好比說，你第一次在泳池學游泳，或在某個夏日午後發現自己找到了平衡感，並意識到你已經在街上歡快地騎著腳踏車。**平衡**是關鍵，只有已經掌握平衡感的人，才知道平衡是什麼，或許我們可以稱這種平衡為「騎單車之道」。道家希望我們在生活中，以及在與他人、乃至與宇宙的關係中，都能找到平衡。

抱持這種生命態度的人是老子，老子是與孔子同時代的人，年紀比孔子大。老子約出生於西元前六〇〇年，據說曾任職於中國皇帝的圖書館。在被要求闡明他的人生態度時，老子寫出了宗教或哲學史上最簡短且最受尊崇的經典《道德經》。書中的重要概念是「平衡」和「互補」。老子認為，自然萬物都有與之互補的對立物，他稱為陰與陽。有陰必有陽，有陽必有陰。為了區分陰陽，道家繪製出以曲線分割成的兩個半圓，一半白色，另一半是黑色。每一半中都包含一個相反顏色的點，白色部分有黑點，而黑色部分有白點。這個圖案教我們從別人的身上發現自我：黑中的白，白中的黑；陽性中的陰性，陰性中的陽性；敵人中的朋友，朋友中的敵人；你宗教中的我的宗教，我宗教中你的宗教。

面對這些差異之處，老子不像孔子告訴我們要設身處地替別人著想，老子更為樂觀，他不希望我們**忍受**差異，而是要**樂**在其中。世界是一個交響樂團，由各種不同的樂器合奏出美妙的音樂，平衡、時序與和諧，才是道的特點。老子注意到，人之所以失去平衡的原因之一，是他們想控制別人，不讓別人按自己的節奏過生活，不斷予以干涉。最明顯的例子是那種無論做什麼事都認為自己的方法才是唯一的方法，從把碗盤放進洗碗機、到治理國家的方式。

這樣的人會隨時處於一種被激怒的狀態，因為現實不會永遠如他們所願。老子要他們放輕鬆，並且從植物的生命經驗吸取教訓。植物不需接受任何指示，便知道如何做為植物，因為它們順應了自己的天性。為什麼人類辦不到？為什麼人類無法停止焦躁，讓事情流暢地運作？老子稱這種生命態度為「**無為**」，也就是順其自然讓事情發生。他不喜歡規定和規則，也厭惡上位者強行將每個人將塞進他們在生命循環中的某個位置，而非頌揚個體的差異性。

對於抱持這種生命態度的人，我們稱他為**無政府主義者**（*anarchist*），這個希臘字的意思是反對政府的人。對道家而言，這種態度不在於全然反對政府，而關係到政府管理的平衡和比例問題。道家對於社會立法者的強大支配力心懷警惕，他們不喜歡政府強行將每個人放進相同的模子裡。無政府主義者的對立面是**墨守法規者**，後者相信唯有法律能控制人類的天性。一旦有什麼事情變成社會問題，都應該加以禁止！墨守法規者總是這麼處理事情。

不同於孔子為了社會整體利益而想控制人類的天性，老子反而主張，應該盡可能給予社會中的個人更多的自由。這兩種相互競爭的生命態度，都是規劃歷史走向的重要力量，不過墨守法規者通常在宗教和社會方面佔了上風，並將他們的意志強加在別人身上。必要時，他們甚至發動戰爭來達到目的。老子痛恨所有會破壞人類和諧的戰爭，倘若人們聽從他的建議，這世界想必會有更多的歡樂和更少的戰爭。

事實上，你毋需接受道教的宗教概念，也能從中學習到許多東西，但我們不應忽視它們的存在。在西元前五二四年老子去世後，道教繼續發展。除了教導「道」是什麼，道教也有許多神祇。道教的至高神稱作「天帝」，據信是在世界一開始存在時自然產生的。這些至高神掌管著天庭，下轄眾多小神。除了隨著宇宙出現的眾神，人類也能成為神，或者**長生不死**。為了獲得長生，人們必須透過某種冥想法以及壓制欲望，藉以去除缺點，就像佛陀用來擺脫輪迴重生之輪的方案。

差別在於道教徒相信宇宙的存在。對他們來說，靈魂的勝利不是如雨滴般落入涅槃的海洋，而是成為永生的神。此外，道教賦予女性地位，也是特點之一。除了女性神祇，道教還有女性道士和學者，她們在道教歷史中扮演了重要角色。道教忠於自己的哲學，不但奉行陽性原則，也奉行陰性原則。

儒教和道教原產於中國，但中國的第三種宗教「佛教」則進口自印度。在佛陀於野生無花果樹下悟道後，他的教誨傳遍印度、東南亞、中國、韓國、日本和更遠處。成長中的佛教分裂出不同的宗派，各自對於佛陀的言語做出不同的詮釋。小乘佛教恪遵最初宗教運動的嚴謹規範，認為最快速的救贖之道是成為僧侶。打個比方，小乘佛教是供有天賦的個人快速悟道的賽車，而大乘佛教則是讓一般人搭乘的公車，需要從容的時間來覺悟。

速度並不是小乘與大乘之間的唯一差別。我們注意到，宗教中存在著對肖像看法的巨大分歧。佛陀拒絕肖像，但通俗宗教喜歡可供注視的東西。而對佛教徒來說，最適合用以表示崇敬的對象，莫過於佛陀本人的肖像。於是，往往製作得十分精美的佛陀塑像，就成為大乘佛教傳統佛寺中的首要物件。佛教便以這種形式在西元第一和第二世紀沿著絲路傳入中國，在中國生根發展，不但改變了中國宗教，也被中國宗教所改變。

中國人持續對宗教抱持務實的態度，他們不介意將不同宗教最好的部分混和在一起，也不執著於嚴守單一的信仰，因此當佛教遇見道教，彼此都被改變了。結果之一是產生了**禪宗**。「禪」在中文裡代表「冥想」。還記得要**理解**「道」有多麼困難？禪宗借用了道教戲弄人的方法。

「我要如何找到內心的平靜，平息一切渴望？請教教我。告訴我聖典中如何解釋我的情況，還有要如何擺脫這種處境。」

「吐……吸……吐……吸。」

「什麼？」

「靜靜坐著，動也不動……數算你自己的呼吸：吐……吸……吐……吸。」

「我向你請教問題，你卻叫我做呼吸練習！我需要一個說法，好讓我弄明白這是怎麼回事。」

「好吧。好好看著這朵雛菊……」

「什麼？」

禪宗擁有道教的嬉戲精神，因此，那些受理性支配的文化，或可從中學到許多東西。

出自佛教的第三個宗派是「密宗」，它對世上最神秘的國家產生了重大影響。密宗是根植於西藏的一種佛教形式，在悟道的路上提供導師所給予的密集協助。西藏位於中國西南、喜馬拉雅山脈另一側，是世上最難到達的地區。西藏被稱作「世界屋脊」，因為境內全是巨大的高山和高原。地處偏遠促成了密宗的發展，並將整個國家變成了一座大寺院。西藏在稱作「喇嘛」的僧人領導下，成為一個以佛教戒律為核心的國家。

西藏喇嘛以獨特方式運用佛教的一項傳統：僧人覺悟時，他可以放棄涅槃的門票，自願回到人間成為「活佛」，幫助世人找到拯救之道。在西藏傳統中，某些高級喇嘛能夠選擇自己的轉世，而被他們挑選作為繼承人的轉世者，也得被找出來。喇嘛去世後，可能需要花上幾年才能找到他的接替者。在經過若干測試並且驗明正身，這位接替者會被宣布為喇嘛轉世，隨後入駐某間寺院。如今這種轉世體系最著名的傳承者是達賴喇嘛，他在一九五〇年代中國入侵西藏後逃離，此後他的笑臉成為西方世界熟悉的形象。

他是第一世達賴喇嘛的第十三世化身，很可能是最後一世。但這不表示西藏佛教走到了末路，宗教自有辦法熬死它的迫害者——宗教可謂損耗掉許多鐵錘的鐵砧。但佛教並沒有在傳入中國之後止步，它繼續東傳日本，遭遇到我們接下來要介紹的神道教。

· 16 ·

攪動泥漿

前一章談到西藏，我描述當地偏遠且難以進入，這話說得草率。盲人摸象的寓言告誡我們，不要以為世界就是我們看到的那個樣子。對我來說，西藏是遙遠的地方，但對西藏人來說，那是家的所在，而蘇格蘭才是遙遠的。

關於日本，我也即將犯下相同的錯誤。日本與中國隔著海遠遠相望，即便是他們最近的鄰居中國人，也一直要到西元六〇〇年才首度造訪日本。因此我們很容易認為日本與世隔絕，但我們何妨將事情想成是整個世界與日本隔絕。曾經有很長一段時間，日本人並不知道有一個世界與他們隔絕，他們認為日本就是整個世界。而日本不僅是他們的世界，也是他們的宗教，他們非常日本！所以如果想瞭解日本的宗教，我們必須設法瞭解日本人對於他們土地的感覺。

日本這個名稱本身便透露了端倪。這是歐洲人試圖模擬其中文發音的單字，日本人自稱 Nippon，意思是「日升之地」，這是一個名符其實的描述。當他們望向東方，放眼所見盡是閃閃發光的空曠太平洋，太陽每天從海中升起，照耀日本群島的兩千八百五十二座島嶼。難怪在日本的創世故事中，太陽扮演了重要的角色。所有的宗教都有創世故事，說明世界是如何形成的。我們先來看看幾個創世故事，獲得一些結論後，再回來談日本。

印度擁有許多創世故事。其中一個故事聲稱在時間存在和世界形成之前，有一個名叫「神我」（Purusha）的巨人爆炸了，從他身體四散的元素，形成了世界上的一切事物，包括印度教種姓等各種細節。

在亞伯拉罕的出生地美索不達米亞，人們說，太初時期有兩個巨人，一個是阿普蘇（Apsu，意思是「淡水」），另一個是提阿瑪特（Tiamat，意思是「鹹水」）。兩人交合而生出其他諸神和海怪。當海洋淹沒陸地，女巨人提阿瑪特便想控制一切，她的家人起而反抗並且擊敗了她，並將她的屍體分割成天空與陸地。天空歸於諸神，而人類被創造出來侍奉這些神明，並安置在地面上的僕人區。

埃及也有類似的故事，其中，水再度扮演了重要角色。太初時只有海洋存在，後來彷彿洪水消退般，一座山丘浮出了水面。在某些敘述中，太陽神拉（Ra）出現並創造了其他諸神，並且開始建立陸地。另一個故事版本則說，陸地神普塔（Ptah）是最早出現的神祇，使萬物開始運轉。如果我們往北來到斯堪的那維亞半島，會發現與「水」有關的相同主題。太初時有一道虛無的深淵，裡面充滿了水。後來水結成冰，然後開始溶化，從溶化的水中冒出了一個名叫尤彌爾（Ymir）的巨人。尤彌爾的腋窩出現了一個男人和一個女人，正當這一切進行時，一隻母牛舔薄了冰層，讓另一個巨人也冒了出來。

奧丁（Odin）是這個巨人的後裔。如同這些神明生涯中經常發生的事，情況頓時亂成一團。奧丁和他的兄弟殺死了尤彌爾，用他的身體造出陸地，用他的頭顱造出天空，以及用他的血造出海洋。他的骨頭變成山嶽，頭髮產生樹林，還有其他種種細節，不過你是知道的，不需要我贅述。

看過這一切大破壞之後，猶太《聖經》的創世故事令人鬆了一口氣。聖經成書可追溯到西元前九〇〇年。〈創世紀〉有兩個版本，每個都是全然的一神論，而且以海洋為主角。上帝臨於「深淵」之上，並從中創造出萬物。祂在六天內完成了這件工作，第七天休息。到了第七天，祂什麼事也不做，這件事本身便是一項創舉，替大家建立了週休一日的制度。

日本的創世故事約出自與〈創世紀〉相同的時期，海洋同樣扮演了要角。故事說，世界上起初只有海洋存在，後來男神伊奘諾尊和女神伊奘冉尊用一把長矛攪動了海底的泥漿，從泥漿中形成了日本諸島。這對神侶後來生下三名子女，太陽女神和她的兄弟月神和暴風神。太陽女神也有自己的子女，而她的孫子成為日本的第一位皇帝。

這些故事值得我們思索，因為它們說出了許多關於宗教如何發揮作用的線索。故事是真是假？取決你認為它們的目的何在。還記不記得先知拿單（Nathan）告訴大衛王的故事？那個故事是真是假？事實上是假的，因為並沒有這麼一個偷了窮人的羊的富人。但從道德層面而言，這個故事是真的，它被捏造用來讓大衛思考他的所作所為，而且奏效了。它具備藝術的真實，而非科學的真實。

科學講求事實，亦即事物運作的方式，但藝術感興趣的是向我們透露人生的真理。這正是為什麼一個故事能讓你感到心有戚戚焉或嚎啕大哭——我就是這樣！宗教是一門藝術，而非科學。因此我們要問的不是創世故事的真假，而是它所代表的意義，以及它所要傳達的訊息——這是許多虔誠的人未曾理解的區別。如我們所見，有些人設法想證明《聖經》中的創世故事是科學作品而非藝術作品，因而讓自己顯得愚蠢。

我們讀過的創世故事中，沒有一個是真實的，但它們都含有某種意義。《聖經》的創世故事最易於理解，即便你不贊同這個故事：宇宙不是自行生成，而是由上帝所創造出來的。美索不達米亞和斯堪的那維亞半島原創的衝突故事，反映出世界上持續不斷的暴力和殘酷。這些故事出自人類的心靈。問題在於，是上帝將它們放在那裡，或者完全是我們自己創造出來的？無論你如何回答，這些故事本身都富饒趣味，某些片段很可能承載著古老的記憶，包括啟動了每項改變的爆炸，以及孕育出萬物的海洋。

現代科學的創世故事追溯宇宙的起源到大約一百四十億年前的大霹靂，而關於地球上的生命如何展開，最可能的推測是約三十五億年前開始。當時覆蓋住年輕地球的海洋是爆炸中的火山所產生的化學物質濃湯，從這些化學物質的互動中出現了最早的生命形式。數十億年後，人類蹣跚登場。地球自身歷史的記憶，是否滲入了那些看穿時間、發現事物意義的藝術家的心中？我認為這似乎是不可能的事。可能因為整個宇宙似乎相當怪異，幾乎任何事都可以被想像出來。

關於日本的創世故事，最引人入勝的是當諸神攪動了海底的泥漿，他們不是創造出世界，而是創造出日本！或者說，他們創造出一個只包含了日本的世界，以此說明對這些美麗島嶼的愛戀。島國人免不了只顧及自己的事，他們對穿越陸地邊界的交流不那麼開放，在宗教上也鮮少受到鄰國諸神的影響。我們所知的早期日本宗教就證實了這點。如果你記得日本直到一九四五年二戰結束才首度被征服，那麼當你發現日本人不僅熱愛自己的島國，而且相信它是獨一無二的存在，就不會感到驚訝了。在古老的過往，他們可能認為沒有其他的東西存在。

日本不僅是由諸神所創造，也是他們選擇的寓所。至於其他的宗教，則相信儘管神明會**造訪**人間，但祂們主要的居處還是遠在人類世界上方的特殊領域，稱作天國。對日本人來說，他們美麗的島國便是那個特殊領域。天國與人間合為一體，天國在人間，人間在天國。有些宗教視人體為不朽靈魂的寓所，日本人正是這樣看待他們的土地。日本島嶼是稱作「神」的聖靈的實質表現，在自然中，神無所不在。祂們寓居於動物身上，祂們居住在日本的山脈，其中，富士山是最美麗、最神聖的山。祂們也在植物與河流中被發現。

我說過，這是日本人的宗教，但這麼說不全然正確。宗教別有他義，代表了人們心中的看法。就像我們不該將你對自己的感覺描述成一種宗教，那是你對自己所**抱持**或**相信**的看法，而非你**是**什麼人。然而，日本人體驗到自己被包含在一個巨大的生命網絡之中，這個網絡由土地、他們自身，以及賦予萬物生命的神靈所構成。這無關他們所相信的事——事實本就是如此。

泛靈論是用來描述這種對生命的看法。泛靈論與稱作**蓋亞**的現代理論相去不遠，蓋亞理論認為地球不是供我們掠奪和剝削的東西，而像我們的家人和朋友，是需要用相同的情感來愛護的生物。這意味著大自然中充滿了神靈，而且與人類同等重要。日本人打從心裡感受到這件事，而非宗教吩咐他們必須這麼做。他們沒有被告知必須**相信**世界是這個樣子，他們沒有在特定的節日慶祝他們所發現的世界本質，他們也沒有相關的**信仰**。這只是一份他們對於土地神靈的愛，因此他們在美麗的地方建造神社，藉以表達這份愛。

這些神社的特色是由兩根直立的柱子和兩根橫木所構成的大門，也就是所謂**「鳥居」**。如今全日本有一萬多個神社，這些建築至今依然受到珍視。

直到約西元六〇〇年中國人到來之前，日本人回應世界的方式，甚至沒有一個名稱。中國人不是以征服者或傳道者的姿態到來，不過他們帶來了孔子學說、道教和佛教，而且全都在日本生根。也許因為中國人喜歡替他們碰見的信仰和習俗分類，又或者，因為日本人實在需要一個名稱，來表達對於他們那片充滿神靈的土地的愛，以便區別在他們之間建立的新宗教。因此，他們稱自己的宗教為**神道教**，「神」意指諸神，「道」是出自道家的用語，代表路徑或方法。

就算你不相信諸神從太古泥漿中創造了日本群島，你也能欣賞神道教。它看穿世界，見到某些更深層的事物。有時它透過令人難以忘懷的精美繪畫表達它的所見，但通常它只需要三行俳句，就能頌揚對這個世界的愛。

我手上提著涼鞋，
涉越夏天的溪流，
感覺多麼暢快！

· 17 ·

宗教成為個人的事

宗教在人類歷史上發揮過許多重要的功能。在現代科學創立前，富於想像力的虔誠人士提出他們的描述，其中某些我們已經稍加探討過。但除了嘗試描述世界**如何**被創造出來，宗教也試著解釋世界**為何**這樣被建構。

在被問到人類為何是世界上的強勢物種，並且對世界為所欲為時，《聖經》回答說，因為上帝如此安排。上帝讓我們照管世界，並要我們征服和控制世界。至於有人問到，為何人類按膚色被區分成不同等級的群體？印度教的聖典則回答說，宇宙背後的靈智替萬物制定了這樣的秩序，是有目的的，那便是「業」。這些回答不僅指出事情就是這麼回事，你得習慣，還強調神贊成以這樣的方式來建構世界。這就是上帝規劃世界的方式，也是宗教為何如此善於說服人們接受自身命運的原因，無論人們的生活過得多麼悲慘；況且，宗教還提供人們更美好的來世或下一輪時間的想望。

宗教還善於讓人接受社會加諸在他們身上的規範。如果想讓人們和諧相處，那麼他們需要一套大家都同意的慣例——某種**道德觀**，例如不說謊，不偷竊，不殺人。任何明智的社群都會用這類禁令來保護自己。宗教的作用，是說明這些規則並非來自人類的發明，而出於神的命令，藉以強化這些規則的影響力。好比說，十誡不是以色列人在荒野中夢見的，而是上帝施加在他們身上的。因此宗教在歷史上的另一個重要角色，就是擔任道德的守護者。

現在，我們必須從較個人的方向來看待宗教的發展。宗教除了是一種群體活動、一種控制人類社群的方法，也開始提供**個人的救贖**。救贖（*salvation*）這個字源自拉丁文的「健康」，提醒我們人類經常會生病和感到焦慮。人類在這一世不會感到滿意、快樂或自在，他們必須擔心來世要面臨的事物。當宗教轉往個人的方向發展，就能為不安的生活帶來平靜。信仰將這種經驗描述成死而復生，或者失明之後復明，還有癱瘓之後再度能行走等等。然而，似乎是不同宗教首度彼此碰上了，才促成了這種發展。

雖然聽起來不太可能，但羅馬士兵確實幫了大忙。到了西元前三〇年，羅馬人已經征服了波斯和希臘帝國。羅馬人是政治上的勝利者，不過他們吸收了被他們接管國家的大量文化，到頭來，往往說不清誰才是真正的贏家。羅馬人深受他們在希臘和波斯臣民間的神話所吸引，並且加以採納，結果對宗教史的未來產生了重大的影響。

正如中國人將佛教融入他們自己的作風，羅馬人也是如此對待希臘神話。羅馬人是個務實的民族，所以他們吸收了這些古老神話，將之轉變成我們現今所稱的角色扮演。藉由在故事中扮演這些角色，他們自己的生活也被改變了。羅馬人並非相信他們從希臘宗教中獲得的神話，而是將這些神話轉變成對他們而言重要的情感或心理經驗。

但如果你以為希臘人**信奉**宗教的方式，就像猶太人信奉猶太教、或波斯人信奉祆教，那你可就錯了。比起猶太教或波斯人，希臘人更像擁有神道教的日本人。希臘人確實是多神論者，但他們的神如同他們的山和海，以及照耀山和海的太陽，屬於地景的一部分。諸神的作為跟天氣一樣沒有太大的差別，而且時而溫和、時而險惡——這就是祂們的本性。

天空之神宙斯是位居首位的神，祂有兩個兄弟，分別為海神波塞頓和掌管陰間世界的冥王黑帝斯。再加上其他數以百計的神，有些也與自然節律有關。但其中有個故事出自龐大的神仙歷險故事庫，這個故事變成對羅馬帝國影響至深的一種重要膜拜儀式的基礎。

故事起初是一則自然神話，但當羅馬人獲知這個故事，便將它變成我們所稱的「神秘宗教」，是一整套能夠激發信徒深層情感經驗的儀式和作法。在希臘的故事中，陰間之神黑帝斯渴望有個妻子與他共享他那陰森森的宅第，為此，他綁架了蔬果穀物女神狄蜜特（Demeter）的女兒普西芬尼（Persephone）。痛失愛女的狄蜜特身心交瘁而深陷悲傷，結果造成農作物歉收，樹上的果實消失，導致人類飽受饑荒和死亡的威脅。

為了挽救局面，宙斯想出一個讓爭執雙方各自滿足需求的協議。普西芬尼每年有半年的時間必須在陰間陪伴她那令人生厭的丈夫，而另外半年期間，她可以待在人間。當夏天結束，普西芬尼便下降到冥府，而她母親狄蜜特會再度哀悼她的離去。冬天侵襲人間，生長中的萬物全都枯萎，樹葉掉落，樹木變得光禿禿，田野荒蕪。但一到春天，普西芬尼便再度上升回到人間，她的母親也會因為她的回歸而歡欣，萬物於是恢復生機。

這是個出色的例子，說明用以解釋自然運行方式的神話，是如何用來表達人生的盛衰浮沉。人類生活同樣也有失而復得、失敗和成功、死亡和重生的節奏。「垂死和復活的神」這個概念，符合了人類心靈深處的需求。這個故事和設計用來闡明其意義的儀式，變成羅馬帝國最重要的神秘宗教之一。**秘儀**（mystery）一詞源自意指「默不作聲」或「閉上雙唇」的希臘語，因為這個教派的成員發誓對於他們所經歷的儀式和典禮保密。

該教派發源自西元前一四〇〇年、鄰近雅典的伊洛西斯（Eleusis），作為頌揚女神狄蜜特贈予大地果實的節日。在將它儀式化的羅馬帝國，它被稱作「伊洛西斯教派」，著重於**個人**參與神明死而復生的秘儀時，所獲得的靈性經驗。獲准入教的人與女神狄蜜特交融，透過儀式體驗到她死亡時的冬季，以及她再度復活時的春季。這個儀式模仿著女神下降到黑暗處，然後被帶回新生日光中的經驗。儀式的吸引力往往是訴諸情感的，重要的是信徒從中**感覺**到什麼，而非**學習**到什麼。在歷經這項儀式之後，他們獲得了改變。

要記得：這一切都發生在內心世界。我們知道人心是多麼奇妙的所在，它包含了天堂與地獄、高處與深淵、光明與黑暗。伊洛西斯教派的祭司是熟諳人心的專家，他們知道如何帶領信徒穿越曲折的路徑，走向陽光照耀、長滿青草的救贖之地。

然而，不光只有狄蜜特和普西芬尼等希臘諸神在羅馬帝國的秘密宗教中找到新職，古老的波斯祆教神祇密特拉（Mithras），也成為另一個羅馬教派的核心。在洞穴中出生的太陽神密特拉殺死了一頭聖牛，從牠的血中生出了大地和生物。羅馬士兵在東征途中聽見了密特拉的故事，他們喜歡故事中血腥和劍的主題，更欽佩密特拉獨力屠牛的勇氣，同時接受了從他們如此擅長的殺戮和流血中，讓更好的生命出現的概念。因此，羅馬士兵將這個神話納為己用，成為他們特別喜愛的秘密教派。

侍奉密特拉的「拜日教」，雖說比伊洛西斯教派更為嗜殺，但兩者主題相去不遠，同樣是讚頌死亡作為通往新生的門戶。拜日教的儀式也在地面下舉行，帶有強烈的情感衝擊，同樣是被感覺，而非被學習。再怎麼說，洞穴總是令人毛骨悚然，因此被領進洞穴之際，難免會產生心神不寧的效果。

羅馬士兵每天都得面對死亡，所以，一個將獻祭式的死亡與死後重生變得戲劇化的教派，想必讓他們非常信服。拜日教只接受男性成員，這在陽剛氣十足的羅馬軍隊中是另一項引人之處。擁有隱密的儀式和語言的秘密社團，多少會讓其成員感到與眾不同，自覺高人一等。再者，歸屬於某個似乎吸引著某一類人的排外社團，也算是一件了不起的事。拜日教就這樣囊括了以上的特點。

這些秘密教派出現在羅馬帝國，成為宗教史上的轉捩點。在此之前，宗教主要附屬於某個共同身分的團體活動。對猶太人來說，他們的宗教是與生俱來的身分，以及上帝對於身為特別民族的他們的召喚。他們嚴肅的道德感時常吸引來自外部的同情者，但那些非猶太人或外邦人，根本無法改變自己出生之機遇。印度教也主張，每個人一出生就注定了固定的種姓地位。到目前為止，佛教是這個規則唯一的例外，它對群體命運提出異議，並為個人提供了救贖之道。截至此時，在亞洲，佛教逐漸成為一種**普世**宗教，任何地方的任何人在任何時候，都可以信奉。

有趣的是，為個人提供協助的宗教很可能在往後順利成長，並且變得普及，因為世界上充滿了尋找救贖的個人。神秘教派的存在顯示出這股風潮在起作用，個人是**自願**加入這些教派。這種現象改變了宗教作為一種群體身分的概念，並以個人皈依的概念加以取代。這些教派用來賦予信徒獲得救贖的情感體驗，提供了日後誕生的新宗教可以儆法的模式。「死而復生的神」這個概念再度切中人類天性的某個層面，尤其如果它提供讓人從自己墳墓中復活的方法。

幾個世紀後，這些潮流將達到它們在宗教史上的鼎盛期，但這個背景是為了迎接在世界上擁有最多信徒和最具影響力的宗教而鋪設。鼎盛時期的基督教自稱**天主教**（Catholic），這個單字源自希臘語，意思是**普遍的**，它所創建的信念，奠基於它的神死而復活。下一章，我們將探討創立於第一世紀的一個小猶太教派，如何變成第一個真正的普世宗教——天主教，以及它如何贏得這個頭銜。

· 18 ·

改變信仰

改變信仰（conversion）是宗教戲碼中的另一個定型化角色，「conversion」這個單字的意思是轉頭面對相反的方向。大多數的人都可能隨著時間改變看法，不過這通常是個逐步緩慢轉變的過程。然而，轉換宗教信仰則鮮少如此，皈依者可能在一眨眼之間，就改變了自己的宗教信仰。事情發生得非常突然，他們在原地一百八十度急轉彎，彷彿重獲新生。

「出生」是個貼切的比喻，它提醒我們無論分娩過程多麼迅速，嬰兒都需要時間來適應。同樣的，改變信仰的瞬間縱或來得十分突然，但實際上往往是個持續多年的過程所導致的高潮。皈依者是那些陷入矛盾的人，拼命抗拒著他們無法承認受其吸引的事物，一旦屈服，他們的人生就會轉向另一個方向。所以他們必須奮戰，有時是真實的戰鬥，對抗著他們渴望屈服的東西。

在改信基督教而讓人生大轉彎的眾多皈依者中，最知名的是叫作掃羅（Saul）的猶太人，他是後來改名「保羅」的基督徒。他的皈依事跡非常有名，以致於讓他改變信仰的地方已經被納入日常的語彙之中，變成一個代表突然改變心意的用語。當我們想描述某個人生發生一百八十度改變的時刻，我們會說那是**「大馬士革之路」**的體驗，因為就在前往大馬士革的路上，掃羅終於屈服於被他迫害多年的基督教信仰。

我們不知道掃羅切確的出生年代，據推測，約為西元第一年的開始。我們也不確定他的死亡日期，不過有個可靠的傳說告訴我們，掃羅於西元六二至六五年間因為信仰而在羅馬被處死。我們知道他出生在羅馬基利家省（Cilicia，現今土耳其東南部）的大數（Tarsus）。他是猶太人，並從父親那裡繼承了羅馬公民的身分。

保羅可能是他的羅馬名字。他的職業是製作帳篷，他受過教育，能說和寫流利的希臘文。他寫給他所創設的教堂的信件，是我們目前擁有最早的基督教文件。他似乎曾在耶路撒冷接受過教育，師從一位名為迦瑪列（Gamaliel）的重要教師。而且他告訴我們，他是法利賽人。

所有的宗教，無論它們宣稱多麼團結一致，全都是不同群體組成的聯盟。這些群體以不同的方式奉行信仰，有時**非常**迥異，在掃羅時代的猶太教也是如此。

宗教中最常見的分歧，就是保守派與進步派的分歧。保守派知道他們的宗教來自於先知，這些先知聽聞上帝的聲音，並將上帝的指示傳達給人們。保守派傾向將信仰限制在第一階段的最初天啟，但進步派卻想接受新的發展，以及後來的天啟。在第一世紀的猶太教中，這些對立傾向表現在守舊的**撒都該人**（Sadducees），以及掃羅所屬、追求進步的**法利賽人**身上。這兩派最大的差別，在於是否相信死後的生命。早期猶太教並不討論這個主題。亞伯拉罕的發現是，世界上只有一個上帝，而摩西的發現，則是被上帝揀選的猶太人成為了上帝的選民，以及上帝律法的守護者。這是撒都該人嚴格奉守的原始猶太教要義。

然而，撒都該人不信任猶太人在巴比倫被俘期間所獲得的其他想法，例如死後復活、以及給予復活者的獎賞和懲罰等。他們也拒絕相信有天使的存在，因為這也是來自巴比倫的外來概念。據稱，「天使」是上帝與人類之間的中間人，被描述為「沒有身體的靈智」，上帝會透過天使來傳達信息給祂在人間的子女。對撒都該人而言，天使是另一種毫無必要的舶來品，因為上帝無所不在，根本毋需信使替祂傳話，祂比呼吸更為貼近每一個人。

不過，法利賽人的看法並非如此。他們是進步份子，拒絕相信上帝已經停止教導祂的子女關於祂神秘的存在，以及祂對這個世界的意圖。他們為何要相信上帝在多年前已經耗盡了祂想傳授的一切知識？上帝難道不是一位活生生的上帝，能夠召喚新的先知，教導子民新的真理？

先知但以理不就曾經告訴他們，上帝讓天使米迦勒（Michael）來看顧以色列，而且在歷經一段前所未知的動亂期之後，他們將獲得解救，亡者將從墳墓復活，一部分的人會得到永久的生命，另一部分的人會得到永久的恥辱？他們在羅馬統治下所受的苦，不正是但以理所描述的那樣？他們不全都盼望著但以理所保證的結局，以及實現這個結局的彌賽亞的到來？

那時正當以色列處於宗教和政治混亂的時期，耶路撒冷充滿了想找尋能帶來彌賽亞救世主的團體。但任何被尊奉為彌賽亞的人，都面臨著三重風險。當時，治理以色列的是缺乏耐心的羅馬官員，他們留意著每一絲造反的跡象。在他們眼中，彌賽亞是反抗羅馬統治的花俏名稱，而且他們知道如何處理造反者。至於管理神殿的祭司對於自稱彌賽亞的人來說，也是一種威脅。在羅馬人眼中，彌賽亞可能是個政治造反者，但對祭司而言，他們簡直是褻瀆神明的人，挑戰了祭司作為解釋上帝意旨的獨有權威。最後，那個時代顯赫的希律家族皇室成員無不依附在羅馬人之下，負責治理區分為四個領地的以色列，他們對某個自稱彌賽亞的人也構成了威脅。對這些緊握著權力的小貴族來說，自稱是彌賽亞的人，不啻威脅到他們的地位，還有生活方式。

在某個踰越節，一個名叫耶穌、自稱彌賽亞的人，被大祭司譴責為褻瀆神明，並被羅馬人當作造反者處決。這件事也獲得加利利（Galilee）統治者安提帕斯（Herod Antipas）的支持，因為耶穌早已成為他眼中的麻煩人物。但是，問題並沒有隨著彌賽亞耶穌被釘死在十字架而結束。此時，掃羅在故事中登場。

耶穌去世後，耶穌的信徒並沒有閉嘴不提他的死亡，反而更大膽地宣稱，他們能證明耶穌就是上帝派來的彌賽亞，要以色列為末日的來臨做好準備。耶穌死後曾在不同的時機和不同的地方出現在他們面前，並吩咐他們要團結在一起，等待他最後的歸來。這件事激怒了祭司，他們這才發現，他們並未解決掉這個危險的麻煩人物。因此，當局招募了法利賽人掃羅加入神殿警察部門的保安處，命令他追捕所謂的「基督徒」，免得他們惹出更多麻煩。掃羅渴望參與這份工作，一上任便熱切地進行追捕。

從這個時候起，我們有了關於保羅的描述。他的身材瘦小、禿頭，而且有一雙弓形腿。保羅的外表乏善可陳，但他確有過人之處。他的雙眼炯炯有神，散發激昂的熱情，具備了搜索者的銳利目光。他急躁好動、渾身是勁，而且善於爭辯！這便是此時戴上「基督徒獵殺者」徽章的保羅。可是別忘了，他是法利賽人。

前文說過，撒都該人不相信有人能在死後復活，也認為基督徒所聲稱的事都是胡說八道。他們的想法直截了當：沒有人能夠死而復生，耶穌是人，因此耶穌也不會死而復生。但法利賽人可不這麼認為。他們相信總有一天上帝會讓亡者復活，以接受最後的審判。他們只是不相信上帝已經讓耶穌復活了——當然，掃羅也不信。這正是他追捕那些褻瀆神明的基督徒的原因。然而，他心中不禁存有一絲疑惑。這是否是他如此熱切參與追捕的原因？在全國各地追捕基督徒，是他自我逃避的方式嗎？

掃羅確實四處奔波。他聽說在耶路撒冷以北一百多英里外的大馬士革出現了耶穌的追隨者，便火速前往追捕他們。前往大馬士革的途中，一團強光使他突然目盲，並且跌落在地上，接著，他聽見一個聲音：「你為何要迫害我？」「你是誰？」保羅大聲反問。「我是正在遭受你迫害的耶穌。」這個聲音叫他動身前往大馬士革，那裡會有人告訴他該怎麼做。掃羅站起身，赫然發現自己失明了。各位，請不要將他的失明看作一種迷信的說法，要記得人類心靈的能耐。有句俗話說：「最盲目的人，莫過於不願意看見真相的人。」掃羅的失明是他長期以來拒絕承認他所知的真理，因而產生的症狀。他的助手引領他來到大馬士革，為他找了一個寄宿房間。失明又困惑的掃羅在那裡待了三天，無法吃喝，只能坐等接下來要發生的事。

當地一位名叫亞拿尼亞（Ananias）的耶穌門徒來到掃羅位於直街（Straight Street）的寄宿處找他。掃羅恢復視力後，隨即做了一件危險的事。他進入當地的猶太會堂，向正在做禮拜的人宣布：「耶穌是上帝之子，是大家在尋找的彌賽亞。」掃羅這麼宣稱，是因為耶穌在他面前顯現了。請想像一下，這件事給耶穌門徒留下的印象。這個迫害他們的人，現在竟然宣稱自己是他們的一份子。這是個陷阱嗎？掃羅是否試圖滲透到他們的活動中，其實目的是為了辨認出這些成員，好判他們的罪？這個新的皈依者令他們不安。

掃羅不確定自己接下來要做什麼。他沒有去求助教會領袖，以便弄清他們的信仰，或要求加入他們，而是跑到阿拉伯，去思索和祈求接下來發生在他身上的事。掃羅自認用不著誰來教導他基督教信仰，因為在前往大馬士革的路上，耶穌的顯現已經給予他所需要知道的一切。耶穌復活正是那項訊息，只要明白這個訊息，你便知道一切重要的事。

過了三年，已經改名為「保羅」的掃羅到耶路撒冷會見了耶穌運動的領導者。或者如他所說，該運動的「其他」領導者，因為保羅已經自稱使徒，意思是被耶穌派去宣告口信的人。說來真是怪了，其他使徒心想：「這個暴發戶從來沒有見過耶穌，對耶穌一無所知，卻在這裡宣告他的復活。我們倒是認識耶穌，儘管他教我們摸不著頭緒，但從沒聽過有人像他那樣說話。我們想知道他是不是彌賽亞？我們追隨他去找尋答案，結果並不是我們預期的那樣。」

所以，這個叫耶穌的人是何方神聖？他到底發生了什麼事？

· 19 ·

彌賽亞

關於耶穌基督，我們首先要知道，「基督」並非一個姓氏，而是個稱號——「*Christos*」是希伯來語彌賽亞的希臘語譯名。他是彌賽亞耶穌，但並非每個人對此都意見一致，因此就連他的名字也成為爭議，而這個爭議伴隨著他直到生命的盡頭。當羅馬人將他釘死在十字架，他們在耶穌頭上的十字架上掛了一塊牌子，寫著用來嘲弄他的名號：「猶太人的王！」對他們來說，耶穌只是個笑話，是又一個試圖改變世界的瘋狂猶太人。

打從一開始，人們就對他議論紛紛：他出身何處、父母是誰、他以為他是什麼人，還有在他死後發生了什麼事……這些議論存在至今。無數的記載寫到關於他的事，最早的文字出現在基督教的《聖經》，也就是《新約聖經》，這個稱呼是為了與猶太人的《聖經》——亦即《舊約聖經》——做區分。這個區分是耶穌的首批門徒如何看待耶穌的線索。對他們而言，耶穌不是開創一個新的宗教，而為了完滿猶太人的舊宗教。上帝已經吩咐亞伯拉罕和摩西建立了最早的聖約，現在祂吩咐耶穌建立新的聖約，並使之在彌賽亞時代實現。

為了發掘耶穌的生平事蹟，我們得從《新約聖經》著手。可惜的是，《新約聖經》的組織方式很容易誤導人。它的開頭部分是稱作「福音書」的四部書，福音是「好消息」的意思。四福音書的順序如下：〈馬太福音〉、〈馬可福音〉、〈路加福音〉和〈約翰福音〉。接下來是〈使徒行傳〉，然後是大量的書信，內容多半出自我們在上一章談到的皈依者保羅。那麼在上一章，我為什麼不從基督教《聖經》的首部著作〈馬太福音〉開始講起？

因為它並非第一部作品。我們能夠確認的第一部或最早的作品，是保羅的一封書信，寫給他在希臘城市哥林斯的基督教皈依者，時間為西元五五年，約莫耶穌死後二十五年。信中並未顯示對耶穌**生平**的興趣，只提到耶穌死後發生的事。它所傳達的訊息是：死亡沒有終結耶穌，而是讓他在上帝那兒重獲新生，從而能接觸世間的人們。保羅列出耶穌死後向他們顯現的許多影像，包括了他在前往大馬士革途中的自身經驗。

所以，《新約聖經》告訴我們關於耶穌的第一件事，是他的死亡並沒有使他從歷史上被除名。耶穌的顯現，證明了他的死亡不是一個結束，而是上帝所承諾新時代的開始，是上帝為了建立新的世界秩序的開場行動。此外，死亡也不會是耶穌門徒的終點，他們將在死後獲得生命。然而，耶穌的門徒甚至不必死，因為耶穌的復活證明了上帝終於展開行動，完美的王國即將在人間建立，一切都將改變，包括死亡！

保羅在西元五五年寫給哥林斯人的那封書信中，讓我們獲得對耶穌最早的簡略印象，內容僅涵蓋了他死後發生的事。為了探究耶穌的生平，我們必須查看後來出現的福音書。

最先問世的〈馬可福音〉，成書於六〇年代後期或七〇年代初期；接下來是出現在八〇和九〇年之間的〈馬太福音〉和〈路加福音〉。殿後的〈約翰福音〉約在西元一〇〇年寫成。這些年代很值得我們注意，因為在時間上相隔越遠，描述某位先知的生平事蹟就會出現更多的修飾與美化——這便是發生在耶穌身上的情況。我不想爭辯他如何出生或出生何處，以及他死而復活的切確方式。我也不想爭辯他在伯利恆出生，或者在耶路撒冷復活時身旁出現了多少天使。關於耶穌，我只想專注於某些普遍公認的事實，這些事實具備了足夠的說服力。

〈馬可福音〉讓我們直接看到一個天啟式的場景。一個吃蝗蟲和野蜂蜜過活的野人，穿著駱駝毛織成的衣服走出荒野，並且開始傳道。人們稱他「施洗者約翰」，因為他在約旦河中替人施以洗禮，作為悔罪和想從新開始的象徵。受洗者的舊人生被淹沒在河裡，從而獲得新生。約翰並未宣稱自己是彌賽亞，但他說，他是來為彌賽亞鋪路的。

〈馬可福音〉接著告訴我們，有個來自加利利的拿撒勒（Nazareth）的人走進了約旦河，由約翰替他施洗。這是我們第一次瞥見歷史上的耶穌身影，那時他已經三十歲了。接下來發生的事，才是耶穌故事的真正起點。約翰將耶穌按在水裡好幾秒鐘，當他將耶穌拉回岸上，耶穌被日光照得眼花，並聽見上帝呼喚他為「我的愛子」。雖然我們無法確知耶穌是否當下就知道他是彌賽亞，不過他的使命肯定從這一刻就展開了。

提醒你一下，這就是先知的任務。他們聽見上帝的聲音，然後告訴別人他們聽見的聲音。這使得先知與那些自認對上帝無所不知的人產生了衝突，後者自稱宗教專家，他們並不打算向一個加利利來的鄉下人學習。耶穌和猶太教官方代表之間的三個衝突點，說明了逼使耶穌最後步入死亡的因素。

第一個因素見於〈馬可福音〉。〈馬可福音〉告訴我們，受洗後的耶穌開始關懷窮人和受苦者。當時的官方看法認為，這些人受苦是為了罰罪，而這樣的觀點和受苦本身，都令耶穌十分憤怒。人之所以受苦，並非因為上帝對這個世界做了如此的安排，而是在宗教和政治上有權勢的人所規劃出來的。上帝厭惡他們對祂的世界所做的事，因此派耶穌來表明祂的王國降臨人間時的樣貌。對窮人來說，這是個好消息，因為上帝的子民將從墨守法規者捆綁住他們的繩索中解放出來。

維持安息日休息的戒律，引爆了耶穌與當權者第一個公開的衝突。那時耶穌帶領著門徒穿越一片小麥田，他們一邊行走、一邊掐拾麥穗咀嚼。法利賽人於是指控他們在安息日工作，因為他們採摘了穀物。耶穌做了一個具有革命性的回應：他說，安息日是為了人們的需求而設置，不該為了遷就安息日，而反過來要求人們配合。一個社會需要規則和規範，但社會是我們的僕人，而非我們的主人。如果我們過於嚴格地執行規則和規範，它們就會反客為主，不再是被設計用來幫助人們的東西。

道家在六百年前便認清的這個事實，說明了律法主義是多麼頑強。現在耶穌再度挑戰它，耶穌認為律法應該受到人類的支配，而非去支配人類。難怪這些墨守成規者憎恨耶穌。這筆帳被記了下來——這是第一個對他不利之處。

第二個衝突「山上寶訓」被記載在〈馬太福音〉中，而且更加危險。耶穌挑戰了有權勢者治理世界的方式。理論上，人類是一群毫無秩序的烏合之眾，需要處於被控制的狀態。他們容易得寸進尺，因此要狠狠地、而且經常打擊他們。用拳頭擊打下巴，以及用靴子踢頸背，是他們唯一理解的語言。然而〈馬太福音〉記載耶穌站在山頂上，像帶著十誡的摩西正描述上帝王國降臨的樣貌。

如果有人打你的右臉，你就連左臉也轉過來讓他打。如果有人拿走你的上衣，你就把外套也送給他。你要愛你的仇敵，不要憎恨他們。你要對那些對你做惡的人行善。你要寬恕、寬恕再寬恕……無止境地寬恕。這便是天國的境況，所以人間也該如此。

要瞭解耶穌在此描述的顛倒王國，線索在於他受洗時上帝對他說的話：「你是我的愛子。」上帝不是統治者，不是老闆，也不是人類監獄的典獄長和管理奴隸的人，而是

父親！因此，全人類就是一家人。多麼具有革命性的一番話！難怪統治者們會盯上耶穌。這筆帳被記了下來——這是第二個對他不利之處。

第三個衝突在〈路加福音〉中有所描述。耶穌從不說教，從不試圖灌輸想法給別人。如同以色列的先知，他藉由說故事讓人們自己去思考。曾有一個友善的聆聽者要求他複述猶太律法中最重要的戒律。耶穌回答說，要盡心盡力愛上帝；那是第一誡。第二誡是愛鄰人如同愛自己。說得對，這位聆聽者回答，但誰是我的鄰人？耶穌用「好撒馬利亞人」的寓言故事來回答。

有個人落入強盜的手中，他們剝光他的衣服，還將他打個半死，最後把他遺棄在一條危險荒廢的路上。有個祭司來到這條路上，後面跟著他的助手。他們是好人，想提供幫助，可是他們的宗教阻止他們伸出援手。因為根據教規，碰觸屍體會讓他們遭受污染，而且這名受傷的男子可能屬於猶太人不准與之為伍的種族，因此碰觸到他，旁人也會變得不潔。於是，他們從道路另一旁繞過，任由他躺在原處。

接下來，有個撒馬利亞人走過來。他的宗教也有一樣的禁令，可是面對男子的困境，他的同情心勝過他的宗教。他向男子伸出援手，救了他一命。按照耶穌的看法，鄰人不是你所屬宗教團體中的人，而是任何一個需要你幫助的人。如果上帝是我們的父親，而我們是祂的子女，那麼**每一個人**都是我的鄰人、我的兄弟和姊妹。

我們很容易忽略這個寓言的重點。律法是〈馬可福音〉中談論安息日的重點；強權政治是〈馬太福音〉中「山上寶訓」的重點，而在「好撒馬利亞人」的故事裡，**宗教**是重點。耶穌要說的是，那些宣稱代表上帝的機構，很容易成為上帝的大敵，因為它們認為自己的規則高於上帝的愛。難怪祭司們討厭耶穌，而且大量蒐集對他不利的證據。這筆帳又被記了下來，而且證據已經齊全——這是第三個對他不利之處，要找耶穌算帳，只是時間遲早的問題。

耶穌傳授他的門徒一段禱文。這段禱文相當簡短，但短短數行涵蓋了耶穌教導他們的一切。「**我們在天上的父，願人都尊祢的名為聖，**」禱文一開始說道，「**願祢的國降臨，願祢的旨意行在地上，如同行在天上。**」這段禱文由來已久，甚至對仍在唸誦它的基督徒都已經失去效力，但請想像一下這段禱文帶來的衝擊力。倘若你是自認在人間侍奉上帝的祭司，或是設法控制任性人民的政治統治者，這完全就是足以挑起爭端的言論，足以引發殺機。

· 20 ·

耶穌來到羅馬

他們在半夜找上了耶穌，這種時刻向來是秘密警察現身之際。城裡一片靜悄悄，他們在人們最沒有活力的時候發動了突襲。他們在一座私家花園逮捕了耶穌，帶路者是他的一個門徒。

耶穌是善於運用象徵手法的大師。當他開始從事他的靈魂解放運動，他援引了猶太人進入迦南的歷史。《聖經》告訴我們，逃出埃及來到應許之地的猶太人分成十二個氏族，稱作「以色列十二支派」，因此，耶穌從門徒中挑選了十二個人，幫忙帶領他這個與眾不同的運動。他稱他們為「使徒」，這個希臘單字的意思是「送信人」。他們負責傳送的訊息是，上帝的平和王國即將到來的好消息。

然而，並非每個使徒都令人欽佩。有兩個最著名的使徒彼得和猶大，後來被證明是失敗者。彼得雖然深情但性格懦弱，在耶穌被逮捕後，他遺棄了耶穌。不過，領著警察來到耶穌藏身處的人是猶大——我們不知道他為何這麼做。祭司們付給猶大三十塊銀錢作為背叛耶穌的報酬，然而他似乎不太可能為了錢而出賣耶穌。他或許感到失望，因為耶穌不是他期待中的彌賽亞。

耶穌在以色列的窮人和受壓迫群眾之間有許多的追隨者，但他並沒有使用刀劍對付羅馬人。那麼，如果逼迫一下耶穌，會不會促使他號召眾人拿起武器作戰，迎來他所承諾的王國？這是否是猶大的動機？我們不得而知。或許猶大自己也不知道。〈馬太福音〉告訴我們，耶穌在客西馬尼園（Garden of Gethsemane）被捕後的遭遇令猶大心碎，最後猶大上吊自殺了。那時，耶穌已經落入羅馬士兵的手裡。

羅馬士兵也是運用象徵手法的高手。在當局判處耶穌釘在十字架上的死刑後，羅馬士兵將一頂用荊棘編成的王冠戴在耶穌的頭上，還給他披上一件皇家紫的舊斗篷。「猶太人的王萬歲！」他們押著耶穌前往行刑地點，語出譏諷。釘在十字架上緩慢地死亡，是羅馬最殘酷的刑罰，受刑者可能得掛上好幾天才會氣絕身亡。

在更早之前，西元前七三年，斯巴達克斯（Spartacus）帶領奴隸去對羅馬造反時，這種刑罰曾被大加撻伐，直至叛亂活動結束，羅馬將軍克拉蘇（Crassus）總共在十字架上釘死了六千名造反者，讓他們的屍體掛在通往羅馬的每條大道長達好幾個月。

耶穌死得比較快，他在十字架上只撐了六個小時便氣絕身亡。或許因為他在被捕之後狠狠遭到鞭笞而身負重傷，直到被釘上十字架時，早已只剩半條命。被掛在十字架上的耶穌，心裡在想什麼？他是否被他所認為上帝告訴他的話語給騙了？或者，他接受了他的死亡是上帝計畫的一部分？這兩種看法都有人提出來。根據某個理論，耶穌相信當他挑戰權威的危險達到最高點，上帝便會採取行動——這種看法無異於猶大試圖逼迫耶穌出手的理論。

耶穌是否試圖逼迫上帝出手？他是否認為，藉由宣布一個前所未有的世間王國，以及準備為它而死，上帝就會立刻插手歷史，扭轉局面，使得這個世界的統治者落於下風？如果這是他所預期的，那麼這件事並沒有發生。耶穌沒有從羅馬人手中被拯救出來，上帝也沒有突然介入歷史，終結耶穌的受苦。唯有十字架，以及他確定要死在十字架上這件事是成立的。他達成了什麼目標？什麼也沒有！〈馬可福音〉告訴我們，耶穌在嚥下最後一口氣前絕望地大喊：「我的神！我的神！為什麼離棄我？」

其他福音書的作者對於耶穌被釘死在十字架上，則有不同的詮釋。他們表示，耶穌一直掌握著情況，他的死從一開始便在上帝的安排之中，這完全是交易內容的一部分。直到〈約翰福音〉寫成，這個說法成了官方故事版本。在〈約翰福音〉中，耶穌所說的最後一句話不是〈馬可福音〉中絕望的叫喊，而是勝利的歡呼：「事情成功了！」

耶穌的追隨者中，似乎沒有人預料到接下來發生的事。當警察前來逮捕耶穌，除了一小群忠心的婦女，其他人全都拋下耶穌離去，因為他們害怕自己變成下一個冤死鬼。他們無助地等待敲門聲直到天亮，結果警察沒有找上門，卻出現了令他們吃驚的場景。來者是耶穌，儘管他們無法確切說出他們如何知道是他。

在寫給哥林多人的書信中，保羅描述了眾人的詫異表情，還列舉了耶穌向他們顯現的所有樣貌。最後他說，耶穌也向他顯現了。讓我們回想發生在保羅前往大馬士革途中的那個事件，這是接下來令使徒們感到詫異的事。耶穌的顯現，無疑讓彼得和其他使徒變得勇敢不少。他們在耶穌被捕時已經做鳥獸散，但現在他們重新團聚在一起，而且，彼得展現出更大的勇氣。雖然他們不知將來會如何，但他們開始告訴其他的猶太同胞發生了什麼事。他們大膽傳述著信念，相信耶穌就是應許中的彌賽亞——儘管耶穌遭遇了《聖經》中所謂被詛咒的死亡，但他的顯現便是證據。

至於，他們此刻相信的那個新王國何時會到來？不可能拖太久，他們這麼認為。他們會活著看見這個新王國，這次絕不會錯。耶穌回來時，不會像他死後顯現的那般隱秘，這次他會展現全部的威能。保羅找到一個最好的詞彙來形容，他說，耶穌的死而復活，是即將到來的大豐收中，最早的收成。

耶穌最早的一批門徒依舊不知該拿保羅怎麼辦。保羅已經從起初迫害他們不遺餘力的掃羅，變成此刻最教他們惱火的麻煩人物。在他們從保羅的皈依所帶來的驚嚇中恢復過來、並允許他自稱使徒之後，他仍然是個難以處理的角色。這些門徒就像耶穌一樣是猶太人，總是希望事情一切如常。無論耶穌歸來意味著什麼，以及他何時歸來，他們確信這些事情會發生在上帝的聖城耶路撒冷。所以，他們在原處靜待事態發展，並且等候耶穌，他們也繼續傳播耶穌就是彌賽亞的消息，但僅限於自己的猶太同胞之間。

「不！」保羅怒喝，你們難道不明白上帝已經撕毀那古老的約定，發布了新的約定？古老的約定已經發揮過效用，雖然曾經輝煌，但已經結束了！就像小孩必須上學，在年幼時，上學這件事非常重要，但長大後就該離開學校，因為有別的事要做。新的約定不僅適用於猶太人，也適用於每一個人，適用於全世界！保羅告訴他們，你們不該只是聚集在耶路撒冷，消極地等待耶穌歸來，你們應該走出去告訴全世界：就算不是猶太人，也能追隨耶穌。當然，我們會繼續當個忠誠的猶太人，奉行規儀，那是我們的遺產，但你肯定不會告訴其他的非猶太人，如果他們想追隨耶穌，就非得行割禮不可吧？因為割禮是許多世紀以來猶太男孩與神立約的記號？

過去是過去，現在是現在。我們現在需要的不是包皮的割禮，而是心的割禮。**精神上**的割禮！非猶太人必須割除舊的生活方式，開始依循耶穌的精神生活。時間不多了，我們必須把消息傳播出去，耶穌回歸的時間，會比你們以為得還要早。那些還未聽聞消息的人正在垂死之中，我們得加快腳步，沒有時間浪費了！

保羅不停說服眾人，直到化解他們的心防。但他們並沒有完全信服保羅，他們達成一個妥協方案：耶穌最初的一批門徒仍舊待在耶路撒冷等待耶穌歸來，而且也會繼續忠於猶太習俗與傳統等全套規範。但是，保羅可以出去說服那些非猶太人，告訴他們關於耶穌的事，而且他成功說服皈依的任何人，都毋需遵從猶太教的傳統。因此，保羅動身了，他不辭辛勞走遍地中海東端的羅馬行省，說服許多非猶太人皈依耶穌，並在所到之處建立了教堂。

正因如此，人們說是保羅（而非耶穌）才是基督教的真正創建者。如果沒有保羅，耶穌運動想必已經消退成猶太教內另一個失敗的彌賽亞宗派。是保羅使得基督教躋身於歷史之中。的確，但保羅帶著耶穌同行，他宣揚耶穌的道：那位他在前往大馬士革途中遇見的耶穌；那位透露神愛世人的好消息的耶穌；那位不久後即將歸來、因此沒有時間可以浪費的耶穌。然而，耶穌沒有歸來，他至今尚未歸來。不過，認為他總有一天終將歸來的期盼始終未曾消失，這是基督教信條的一部分：「到了這天，他將光榮地再度降臨，審判活人和死人。」

保羅贏得了其他使徒不太情願的敬佩，並且持續往外對其他的非猶太人傳揚福音，甚至建立了教堂。這對猶太教官方當局者而言別有一番滋味。他們已經失去了這個迫害基督徒最厲害的能手，起初他們委任保羅去讓敵人歇業，結果他反倒變節，投靠了敵人。

現在保羅就是敵人，因此，當局以派保羅踏上大馬士革之路的同等激情，死命地追捕保羅。

保羅接連被逮捕和受罰，接受每次三十九下的鞭刑共五次。他還被棍子打過三次，被石頭砸過一次。最終保羅實在吃不消，於是求助於羅馬當局，畢竟他可是羅馬公民，藉由這個身分，他要求對於他傳揚耶穌福音的罪行進行適當的審問。羅馬當局最終承認，保羅身為羅馬公民，這個要求是合法的，因此將他送到羅馬受審。保羅一抵達羅馬，便被軟禁起來，但是，這並不曾阻止他勸人改信耶穌信仰。保羅可以說是那種無法停止教導別人皈依的人，即便遭到了監禁。

現在基督教已經來到羅馬，事情就這樣悄悄發展起來，躲過了偵查。當這個身材瘦小、目光熱切、有著一雙弓形腿的男人開始定居羅馬帝國的都城，悄然發生的事件改變了世界，而且將改變整個歷史的進程。

· 21 ·

教會當家

在保羅來到羅馬之前，當地可能已經有了基督徒的蹤跡。羅馬帝國的道路和海路除了方便部隊移動，也促進了想法的交流，因此基督徒很可能早已在羅馬首都安身立命。他們不太引人注意。保羅描述第一批基督徒是一群受到鄙視、地位無足輕重的人，就像那些在以色列追隨耶穌、被踩在腳底下的群眾。

這些人中或許有奴隸。奴隸是主人擁有的人形資產，就如同馬匹或者養馬的馬廄。奴隸制是當時普遍存在的嚴酷現實，就連《聖經》都視之為理所當然，就像水是濕的，而沙子是乾的那樣自然。

保羅在羅馬被軟禁時，經他教導而皈依的人之中有個名叫阿尼西謀（Onesimus）的奴隸，他盜取了主人的財物，逃到了羅馬。保羅雖然愛他，卻沒有設法替他脫去奴籍，而且還將阿尼西謀送回給他的主人腓利門（Philemon），就像一件遺失的錢包那樣。他請求腓利門善待阿尼西謀，因為阿尼西謀如今已經是基督徒弟兄。保羅為何不質疑蓄奴違反了基督教的大愛精神？保羅為何不說服腓利門釋放阿尼西謀，而僅僅要求他善待阿尼西謀？這或許是因為保羅預期這個世界已經來日無多，耶穌很快會回歸並帶來充滿公平和愛的神國，所以何苦徒勞無益地修補一個即將滅絕的體制？

好比說，如果你準備拆除一棟房子，你不會浪費時間去修理管路系統。這意味著第一批基督徒似乎不盡然精於世道。不過，他們希望世界很快終結的期待，給了羅馬人一種基督徒憎恨人類的印象。然而，直到羅馬當局注意到基督徒的另一件事，才開始將基督徒當成發洩怒氣的目標。

香是一種混合了芳香藥草的樹脂，燃燒時會散發出香郁的烟霧。古代宗教中，焚香敬神是一種普遍流行的奉獻方式。人們認為當烟霧從火盆上升，芬芳的氣味能取悅天上的神明，並獲得祂的認可。羅馬人要求臣民必須在羅馬皇帝肖像下的火盆中投入幾粒香，完全將皇帝視為神明來膜拜。這變成一種忠誠測試，就像對國旗敬禮、或聽到國歌時肅立。他們是否真的相信羅馬皇帝是神？這件事還有待釐清，但這種做法確實有此暗示。

當然，基督徒無法忍受這種事，他們提出了抗議，他們雖是皇帝的忠實臣民，但無法將皇帝當成神一樣向他焚香膜拜。這下可惹禍了。傳聞中，基督教徒密謀要終結這個世界，加上他們頑固地拒絕向羅馬皇帝焚香，導致接下來的幾個世紀基督徒遭到一連串的迫害。最早的迫害是從西元六四年開始，那時的羅馬皇帝是尼祿。當時羅馬爆發了一場可怕的大火，相傳就是尼祿點的火，尼祿為了擴建他的皇宮，必須清除障礙。據說當羅馬城在他腳底燃燒，尼祿還站在陽台上拉小提琴。

現在尼祿面臨的威脅使他感到驚慌，於是，他硬把責任推卸到基督徒身上。每個人都知道基督徒是多麼討厭皇帝，而且希望世界就此結束，因此醜惡的迫害行動就此展開。根據記載，尼祿曾將一些基督徒身上塗滿了油並點火燃燒，當作宮殿花園裡的蠟燭。雖然無法確定，但保羅很可能在第一波迫害行動中就被斬首了。有個傳說提到，當時人在羅馬的使徒彼得也遭到處決。彼得被頭部朝下釘在十字架上，因為當耶穌被逮捕時，他遺棄了耶穌。

迫害活動無法阻止基督教的擴張。情況經常如此，每當當局者試圖鎮壓他們所不贊同的信仰，情況就會越演越烈。遭受迫害的基督徒聲稱，殉教者所流的血，會成為基督教會的種子，果然經過兩個半世紀，教會勢力遍布了整個羅馬帝國。

在繼續往下讀之前，值得注意的是「Church」這個單字包含了兩個意思。它來自意為「集會或一群人」的希臘單字。基督教會代表追隨基督的人，而他們舉行集會的建築物被稱為教堂。要區別這兩個意思，最好的辦法是用大寫的「C」指稱人群或集會——Church，而小寫的「c」則代表他們舉行聚會的建築物——church。

當第一批基督徒不再需要躲避迫害，他們花了許多時間爭辯彼此不同的想法。我們已經見識過教會的第一場爭論，內容是皈依基督教的非猶太人是否必須遵守猶太人的規範。當時保羅贏得那辯論，從而替猶太教之外的基督教會擴張做好了準備。這場辯論預示了往後更加複雜的爭吵。

下一場大辯論的焦點是耶穌的身分問題。他們知道耶穌曾為人子，來自拿撒勒。他們知道耶穌死於耶路撒冷，也知道上帝稱他為「愛子」。可是，耶穌如何能既是人子的同時，又是神子？保羅宣稱上帝**收養耶穌**作為兒子，用這個說法來平息紛爭。所以，這是否意味著，曾經有一段時間，耶穌不是上帝的兒子？他們並不喜歡這種說法。

他們傾向於認為耶穌一直是上帝之子，但約西元前四年的某個時刻，他為了拯救他的子民而暗中降臨人世。他度過了三十二年的人類生活，之後才恢復神格。所以他既是全神，也是全人。可是，確切是怎麼運作的？他們為此爭辯了幾個世紀，從而分裂為不同的陣營。

當然，除了爭辯耶穌的神性，教會也做了不少事。他們照顧窮人，並且仿傚羅馬帝國的行政系統有效率組織起來。他們將自己分割成稱作**「主教轄區」**的區域性單位，指派監督管理的主教，在主教之下，是照顧當地會眾的教士。此外，他們還有第三級福利事業工作者，稱作「執事」，負責照顧窮苦的百姓。教會是一個有效能且運作順暢的組織。不久，諸如羅馬等大城市裡的主教就成為舉足輕重的人物，即便是帝國當局者，也不敢小覷。迫害基督教的事件雖然不時發生，但反倒使教會變得壯大。最後的一次迫害成為黎明來臨之前最後的一抹夜色。

正當基督教會將自己打造成一個無比團結的組織，羅馬帝國卻朝著相反的方向發展。羅馬帝國已然分崩離析，它的軍隊花費更多的時間在相互攻伐，而不是保家衛國，抵禦那些已經打到家門口的入侵者。但偶爾會出現強勢的領導者，試圖挽救衰敗中的帝國。戴克里先（Diocletian）是最強勢的領導者之一，他在二八四年即位為羅馬皇帝。為了統一羅馬帝國，他對基督教會發動了一次極其猛烈的迫害，因為他將教會視為他統一大業的競爭對手。這場恐怖行動於三〇三年展開，持續著恐怖的氛圍，但結果和先前的行動一樣失敗。十年後，情勢翻轉，教會和帝國達成了一致的意見。

生了重病的戴克里先於三〇五年退位，爭奪帝國領導權的人隨即再度彼此交戰。君士坦丁是其中最有謀略和能力的王位競爭者。西元三一二年的羅馬城外，在決定誰將成為皇帝的大戰前夕，在軍帳中睡覺的君士坦丁做了一個逼真的夢。夢中他看見基督教的十字架標誌在他面前發光，並聽見一個聲音吩咐他：「憑此標誌，你將戰無不勝！」

隔天早上，他下令製作一堆以十字架標誌作為裝飾的旗幟，然後，他就跟在這些旗幟的後方，衝進了戰場，生生擊敗了他的對手。隔年，他撤銷了迫害基督徒的法令，並應允民眾通行全帝國、不受限制的宗教自由。三一五年，君士坦丁廢除了令基督徒深惡痛絕的十字架刑罰。到了三二四年，雖然君士坦丁容許其他的宗教存在，但他將基督教定為法定宗教。在短短二十年間，基督教從一個遭受迫害的宗教，變成了皇帝最喜歡的宗教，真是令人驚訝的逆轉。

但如果你將君士坦丁的舉動，看成是信仰耶穌所導致的心靈轉變，也未免太過天真。君士坦丁可謂一個老謀深算的政治人物，他認為基督教可能會成為黏合整個帝國的膠水：一個完整的教會，疊合在一個完整的帝國之上。但令他惱火的是，教會本身分裂成不同的派別，彼此爭論著如何定義耶穌基督身為神和人的本質。

解決這個爭端的辦法，歸結於一個非常小的細節，事實上，它取決於一個字母：代表「i」的希臘字母「ι」。君士坦丁決心解決紛爭，於是在三二五年召集了主教和神學家，在一個名為尼西亞（Nicaea）的城鎮舉行了一場大會。君士坦丁將這一堆人鎖在房間裡，直到問題解決才肯釋放他們。「ι」這個字母到底要放在裡面或外面？結果，他們對「ι」做出不利的判決，將它從作為爭論核心的單字中拿出來（譯注：這裡指的「相同本質」（homoousios）與「相似本質」（homoiousios）之爭，兩個用語只相差一個「i」字母。）。問題就此解決，耶穌基督身為全神和全人的雙重本質，最終就這樣被定義了出來。

君士坦丁十分樂見這個結果，因此邀請主教們參與國宴。他下令護衛隊在皇宮入口處拔劍列隊歡迎，而眾主教一派莊嚴地進入皇帝住宅，在宴會廳裡布置得宜的躺椅上闊氣地用餐。這種場面讓一名主教極為激動，將它描述成基督的王國終於臨降人間的寫照。當然，這不是耶穌會認同的寫照——正是那個將他釘死在十字架上的政權，現在為了自己的目的而決定招募他。

歷史學家將這個事件視為基督教會戰勝迫害者的最終勝利，以及它長期支配歐洲歷史的起點。現在它自稱「普世（天主）教會」，因為它傳遍了羅馬世界。隨著羅馬帝國勢力衰退，教會的勢力越來越強大，直到成為世界上最具影響力的機構。在它的權威面前，就連國王也會畏縮。

教會與政權的合作關係形成了基督教世界，在基督教世界勢力最強盛的時刻，我們幾乎不可能看穿那道遮蔽住它的榮光，望見那位開創這一切的加利利農夫流血的身影。因為儘管他此刻頭上戴著王冠，身上披著皇家紫斗篷，但當基督徒來到教堂做禮拜，他們繼續聽到的，是出自《新約聖經》對於另一個基督的描述。耶穌基督從未像他所承諾的那般歸來，然而，教會裡總會有人認為，那是因為他不曾真正離開。

基督教的故事到此還沒有結束，它最輝煌的時代尚未到來。不過接下來的幾章，我們先不談基督教，而是來看看另一個奉亞伯拉罕為先祖的宗教的興起——伊斯蘭。

· 22 ·

最後一位先知

有三個宗教都宣稱亞伯拉罕是他們的祖先，而我們有兩種方式來加以理解。其一，這可以視為是一種精神上的傳承。亞伯拉罕將他的一神論傳給猶太人，再透過猶太人傳給了基督徒。到了第七世紀，再由伊斯蘭從它認為已被猶太教和基督教給稀釋掉的東西中，重新尋回。其二，我們也可以從血緣的意義上，理解這個出自亞伯拉罕的傳承。亞伯拉罕的兒子以撒是以色列的先祖，猶太人和基督徒透過以撒追溯到他們的父系起源；但亞伯拉罕還有另一個兒子，從而發展出另一個故事。

亞伯拉罕有兩個妻子，分別是撒萊（Sarah）和她的埃及侍女夏甲（Hagar）。撒萊妒忌夏甲，她擔心亞伯拉罕會指定夏甲的兒子以實瑪利（Ishmael）作為繼承人，因此，她說服亞伯拉罕將夏甲母女給趕走。夏甲帶著幼子流浪到距離紅海不遠處的荒野，傷心地坐在石頭上哭泣。不過，以實瑪利並不難過，而是感到憤怒，十分的憤怒。怒氣沖沖下，根據伊斯蘭傳說，他開始用腳踢沙子，踢得非常用力，結果踢出了那種能在沙漠綠洲中找到的水源。亞伯拉罕聽說以實瑪利創造出了綠洲，於是前來探訪這對被他拋棄的妻兒，並在拯救了他們生命的泉水附近，興建了一座神廟。他在神廟中放置一顆神聖的黑色石頭，這又是另一個故事了。

猶太人《聖經》的開場篇〈創世紀〉告訴我們，第一個人類名叫亞當，他的妻子叫夏娃。亞當和夏娃住在美妙無比的伊甸園，他們什麼也不缺。這個園子裡的所有果樹中，只有一種禁止他們採食，那就是知善惡樹。亞當和夏娃過著天真永恆的生活，由上帝滿足他們的一切需求。對每對父母來說，他們有時會寧願孩子永遠長不大，當然，孩子通常是等不及要長大，想要自己去發現善與惡。這便是驅使亞當和夏娃偷吃禁果的衝動，此後他們內心充滿了欲望，知道生活不再是一件簡單的事。

現在，亞當和夏娃已經失去了純真，於是上帝送他們到世界上去過成年人的複雜生活。但在伊斯蘭所講述的故事版本中，上帝允許他們從園裡帶走某件東西當作紀念品，藉以提醒他們永遠遺落的東西，以及永遠與他們相伴的東西。亞當和夏娃失去了伊甸園，卻沒有失去上帝。當伊甸園的大門在他們身後關閉，上帝仍將與他們長相左右。他們帶走的東西是一顆黑色石頭，據說出自於天國。亞伯拉罕繼承了這顆石頭，將它放置於建立於綠洲之上的天房（神殿）中，然後有一座城市環繞著這座供奉黑石的天房發展了起來，這座城市就是麥加。

麥加（位於現今沙烏地阿拉伯）地處阿拉伯紅海東岸的中途點，是地球上最神秘也最迷人的地方。阿拉伯是一座巨大的半島，長一千兩百英里、寬一千三百英里，西界為紅海，南鄰阿拉伯海，東接波斯灣。內陸廣袤的沙漠裡，住著遊牧氏族貝都因人

（Bedouin），他們是性格堅決果敢、獨立自主的戰士。〈創世紀〉頗為傳神地描述「以實瑪利像野驢一樣，他會攻擊所有人，所有的人也會攻擊他。」敵對的貝都因氏族雖然會為了爭奪水井和綠洲而彼此攻打，但他們無不敬畏聖城麥加，而且固定會到麥加朝聖，親吻亞當所傳下來的黑石，同時飲用以實瑪利所發現的泉水。

這些人的老祖宗亞伯拉罕是熱烈的一神教信徒，但他們不見得和亞伯拉罕一樣。儘管他們敬拜真主作為至高的神，但他們也熱愛偶像，一年中的每一天，他們都有當值的偶像。商販們也是如此，他們靠著那些前來親吻黑石、飲用聖泉，並向天房附近商店購買偶像商品的朝聖者營利，過著不錯的生活。

亞伯拉罕——根據古老的希伯來記述——知道利用宗教來做生意是件多麼輕鬆的事。他看著父親製作偶像，在家庭商店中販售，因此指責這些偶像是騙錢的東西，只為了剝削窮人的微薄財產。亞伯拉罕想必也痛恨發生在麥加的事，因為那裡的商人同樣利用朝聖者尋求精神慰藉的需求而自肥！這是聖城常會發生的事，不分時代和教派。販售精神慰藉給窮苦者，總能賺到快錢。因此，當耶路撒冷的祭司家族靠著窮人致富而發了大財，耶穌一樣反感不已，他掀翻了聖殿裡錢幣兌換商的桌子，指控他們竟把上帝的房子變成了強盜窩！

西元五七〇年在麥加出生的穆罕默德，同樣因為一神論被家鄉城市的商販給玷污而感到憤怒。穆罕默德的人生並不順遂，他父親在他出生前就過世了，他的母親在他六歲時過世。這個幼小的孤兒由祖父照顧，後來被叔父塔利布（Abu Talib）收養。塔利布是個成功的商人，他使喚年幼的穆罕默德去趕駱駝。

滿載貨物的駱駝商隊曾是阿拉伯經濟的一大特色，牠們邁著沉重的步伐，往北走向敘利亞、西至埃及、東到波斯，駝負著用來交換絲綢和亞麻布的香水和香料，再踏上漫長的歸程。先知以賽亞（Isaiah）曾描述來自阿拉伯南部示巴（Sheba）的大批駱駝帶著黃金和乳香到耶路撒冷的情景——這就是穆罕默德當學徒所從事的工作。

穆罕默德學東西很快，他既能幹又可靠的名聲，使得一個名叫海迪徹（Khadija）的富有寡婦將她的一支來往於敘利亞的商隊交由他管理。穆罕默德和海迪徹在西元五九五年結婚，當時穆罕默德二十五歲，而海迪徹四十歲。他們育有六名子女，包括四個女兒和兩個在嬰兒期夭折的兒子。法蒂瑪（Fatima）是他最著名的女兒，後來嫁給阿里（Ali），並成為穆罕默德的孫子哈珊（Hasan）和胡笙（Husayn）的母親。穆罕默德也成為一名成功的商人，但他誠實和公平的名聲，意味著當人們需要解決商業爭端和家庭紛爭，他便成為人們求助的社區領袖。

然而，穆罕默德的能耐不只如此。他屬於那種能看穿世界、發現箇中意義和目的的特殊族群。這類人會對人類社會特有的醜惡和不公感到憂心，他們雖然尊重宗教能夠幫助受苦者超脫自我，但也深知有權者是多麼容易為了私利而操縱宗教，罔顧弱勢者的利益。麥加天房的喧鬧令穆罕默德深感厭惡，到了四十歲，他開始獨自到麥加以外的洞穴進行祈禱和沉思。他在那裡首度經歷異象和異聲，這些異象在他餘生持續不斷的出現。他察覺到它們並非直接來自上帝，而是透過大天使加百利（Gabriel）作為媒介。

加百利對他說的第一句話是：「你應當奉創造主之名而宣讀，他曾用血塊造人。」穆罕默德當時不明白這句話的意思。他聽見的聲音是否為誘惑他的邪靈？或者他瘋了？看見異象異聲的人，不總被說成瘋子？穆罕默德內心充滿了疑惑和不確定，但這個聲音持續用迷人的詞彙對他說話，最後他受召成為一名先知。

先知的特點在於，他們不會將聽到的東西密而不宣，他們是被派來提醒和說服世人聆聽上帝的話語。因此，六一三年，穆罕默德在聆聽了加百利的啟示幾年之後——他已經熟記且能背誦——他在妻子海迪徹熱情的支持與鼓勵下，開始向麥加的男男女女傳道。穆罕默德所傳播的信息並沒有原創性，他也從未如此宣稱。他只是提醒信眾們那些已經被人遺忘的事：偶像算不得什麼，真神只有一位，再也沒有別的神。

先知穆罕默德的信息特別能夠吸引窮人，因為這群人是被經營神殿和販售偶像的商人所剝削的對象。不久，他在麥加就有了一批追隨者，這些「臣服於真主的人」，就是「穆斯林」一詞的意思。他們相信只要恪遵這個信息：「萬物非主，唯有真主，穆罕默德是真主的使者。」就會事事美好。

在歷史上，宗教一向是數量多到令人不稀罕的東西，在人類的精神市場，總有空間容下另一個宗教。一旦新的信仰威脅到已經確立的利益和特權，遊戲規則就會改變——這正是發生在麥加的事。穆罕默德既然譴責了那些透過天房附近偶像市場發大財的商人，以及向飲用聖泉的朝聖者收費的人，那麼，此後在麥加爆發了迫害穆斯林的事件，似乎是不可避免的事。

所幸，此時來自雅什里布（Yathrib）、曾聽聞穆罕默德傳道的訪問團代表，前來邀請穆罕默德和他的信徒遷往雅什里布。這些雅什里布人知道他們需要一位領導者，而穆罕默德正是人選。雅什里布與麥加相距僅兩百英里，遷移到雅什里布的行動在秘密中完成。穆罕默德、他的堂弟阿里和朋友巴克爾（Abu Bakr）等人趁夜逃離了麥加，這場西元六二二年九月的出走行動稱作「*Hegira*」，意為「逃亡」，這個時刻是伊斯蘭曆的元年。他們逃亡的目的地雅什里布後來被賦予一個新的名字「麥地那」，意思是「先知之城」。

不過，這項對策並沒有解決問題，接下來的十年間，麥加與麥地那彼此交戰不休。最終在西元六三〇年，穆罕默德帶領大軍攻打自己的故鄉麥加。麥加人明白大勢已去，最終投降，讓先知進入麥加。穆罕默德並未報復麥加居民，但他移除了天房的偶像，並鼓勵麥加市民成為穆斯林，然後才返回麥地那。

然而，此刻穆罕默德已經來日無多。西元六三二年，他前往麥加朝聖，並發表「告別講道」。穆罕默德親自朝覲麥加天房、看望黑石，並進行了飲聖泉的告別之旅，此舉使得前往麥加朝聖，此後被確立為成為一名穆斯林應該履行的五項責任（伊斯蘭的五大支柱）之一。穆罕默德在赴麥加朝聖後不久，便生了一場熱病，於六三二年六月八日去世，他所留下的信仰，成為現今世界的第二大宗教。接下來的幾章，我們將探討內涵豐富的伊斯蘭神學和習俗。

· 23 ·

臣服

在檢視「**伊斯蘭**」（Islam）的信仰和習俗前——這個阿拉伯語是「穆斯林」一詞的根源，切確的意思是「臣服於神的意志」，我們應該先弄清楚伊斯蘭與它的近親猶太教和基督教的差異。「一神論」宗教的首要信條是：神是真實存在的。我們可以進一步說，對一神論而言，神是**唯一的**真實。

想想我們身處的宇宙吧！宇宙中有無數個星系，加上我們可能看不見的無數宇宙。曾經它們並不存在。根據「一神論」，當時**存在**的事物就只有神。一切萬物之所以存在，都是因為神，就像小說裡的人物透過作者的構思而存在。在討論印度教時，我曾經使用將人類當作小說人物的概念，在此，我用相同的概念來思考「一神論」。

印度教中，這個運用方式是，小說中的人物發現他們並非真實存在，而是假象；而在亞伯拉罕的宗教中，這些人物的確完好地存在，但他們想發掘更多有關於他們的創造者、也就是他們生命作者的故事。

請記得，你毋需相信或接受這種說法，但如果你想瞭解宗教，你必須體會這種思考方式，即便只在閱讀本章時。一神論宗教，就像書中的人物試圖與他們的作者接觸。光這麼想就讓你昏頭轉向了，對吧？宇宙這本書裡的某些人物說：顯然有人創造了我們，不管是誰，我們想和他接觸，這是天經地義的事。接著，另一些人物說：別傻了！根本沒有作者，只有書本身而已，你可以稱這本書為宇宙或任何名稱。事情就這麼發生了，這本書是自己寫成的，別再嘗試去接觸你想像出來的作者。

然而，對於堅持要求接觸作者的人來說，這個過程就像所有的創作活動。先知或聖賢們等待、傾聽並遙望遠方，他們開放自我的內心，好讓生命源頭向他們顯露。真實在他們心中形成，就像某個人物在作者心中去瞭解他自己，只不過情況反過來，這是一個想瞭解作者的人物。慢慢地，上帝的照片如同暗房顯影的照片般逐漸浮現，神學家稱這個過程為「顯露中的天啟」。而且，他們通常宣稱由他們的信仰所促成的上帝照片，顯影技術比先前的版本更加先進。猶太教的上帝照片相似度更勝多神論，而基督教的上帝清晰度，也勝過猶太教；至於伊斯蘭教，他們宣稱他們擁有最完美的上帝肖像，足以取代先前的所有肖像。所以，讓我們來探究伊斯蘭與猶太教和基督教最大的差異處：**《古蘭經》**。

你可別把《古蘭經》想成伊斯蘭的《聖經》，兩者有三個重大差異：首先，《聖經》是許多個世紀以來，由許多不同作者和編輯者慢慢組合而成。第二，《聖經》是一套叢書，而非單一一本書籍。第三，雖然《聖經》包含來自上帝的啟示，但它出自人類的創作，經由人手寫成；但伊斯蘭不接受上述三種描述。他們認為，《古蘭經》是單一的個人，在他一生中持續不斷接收到的啟示。它雖然是透過人類來傳達，卻並非人類的創作。就好比說，電力靠著電線輸送到建築物，穆罕默德就是《古蘭經》的導線，但電力來自於上帝。《古蘭經》是一種世俗形式的上帝意念，是上帝在人間的顯化。事實上，《古蘭經》之於穆斯林，就如同耶穌基督之於基督徒。基督徒相信耶穌是上帝在人間的化身，上帝藉由人類形體讓世人得以觸及。因此，《古蘭經》對於穆斯林的意義，就是它是與他們同在的上帝。

「Qur’an」這個字的意思是「背誦」，《古蘭經》是由大天使加百利朗誦給先知穆罕默德聆聽，再由先知朗誦給他的信徒聽，直到穆罕默德死後，才完成書面形式的一部經典。如今虔誠的穆斯林仍然熟背《古蘭經》，以便從頭到尾朗誦完全部的一百一十四章內容。

穆罕默德相信，那個發源自猶太人、並經過基督徒進一步發展的概念，已經在他的努力下達到完滿。《古蘭經》描述他是「先知的封印（最後的先知）」，此後再無其他先知。也就是說，先知的延續結束了，從此被封印住，而伊斯蘭是它完美的總和。

對於猶太人和基督徒沒有看清此事，穆罕默德感到失望，儘管他們的反應並不稀奇。古老宗教的守護者總是不願承認他們的時代結束了，以及，他們應該為新的宗教開路。

穆罕默德希望能說服麥地那的猶太人和基督徒，他不是他們的勁敵，而是成就他們的人，是他們一直在等待的結局。就如《古蘭經》所言，「祂降示你這部包含真理的經典，以證實以前的一切天經；祂曾降示《妥拉》和《福音書》。」這正是為什麼穆罕默德起初吩咐他的信徒，祈禱時要面向耶路撒冷的方向。直到猶太人和基督教徒悍然拒絕承認穆罕默德是他們的先知，穆罕默德這才吩咐信徒，改以面朝麥加的方向祈禱。穆罕默德認為被拒絕承認雖然不幸，但倒是可以理解。猶太人向來拒絕上帝派給他們的先知，他們上一次拒絕的先知是耶穌。即便是基督徒，也曾拒絕過耶穌，拒絕的方式，就是把他變成神。穆罕默德堅信上帝的唯一性，但基督徒不僅給了上帝一個兒子，還製造出其他兩個在天國與上帝平起平坐的神，這讓他十分惱怒。

因為基督徒已經發展出三位一體的上帝理論，也就是以三種不同形式表現的同一個上帝：世界初始時創造萬物的聖父、以耶穌基督形態在人間生活的聖子，以及引領人類度過歷史，直到時間結束的聖靈。穆罕默德怒斥這種煞費苦心的神學工程，他說：**萬物非主，唯有真主，而穆罕默德是真主的使者**。

作為信仰的一部分，伊斯蘭信徒必須履行五項重要責任，也稱作伊斯蘭的五大支柱。第一項責任是誠心唸誦清真言：「萬物非主，唯有真主，穆罕默德是真主的使者。」唸誦這段一神論的文字，是穆斯林用以堅定信仰，以及伊斯蘭皈依者用以證信的方式。

第二根支柱是，必須每天面向麥加的方向，向唯一的真主做五次禮拜，時間分別在破曉、正午、下午、日落，以及日落與午夜之間。這世界上最令人難以忘懷的聲音，就是宣禮員（*muezzin*）從清真寺尖塔的陽台呼喚信眾做禮拜的聲音。他會依次面對羅盤的四個方位大聲喊道：「真主至大。我作證，萬物非主，唯有真主。我作證，穆罕默德是真主的使者。快來做禮拜，快來得救。真主至大。」如今，這種提醒人們做禮拜的呼喚，可能已經變成機械化的錄音，在吵鬧喧嚷的現代城市中霹靂趴啦、忽大忽小地播送。但破曉時分在寧靜的阿拉伯村莊聽見宣禮員的呼喚聲，著實令人深深地景仰。

第三根支柱是施捨。由於一切財富都來自真主的慷慨，因此，虔誠的穆斯林會施捨，將原本屬於真主的東西歸還給真主。這也是一種幫助窮苦者和捐助伊斯蘭慈善事業的方式。伊斯蘭是使命型的宗教，宗旨是將世界變成伊斯蘭願景中的共同體，讓信仰與生活結合成一個完整的整體。在這個共同體中，沒有所謂宗教和社會的界線，兩者合而為一。

第四根主柱是為期一個月的齋戒，時間是伊斯蘭曆的第九個月。禁食時間從日出到日落，持續三十天，其間不可吃東西和飲水。但齋戒不只是戒絕飲食，在齋戒月即將結束時，清真寺會安排特別節目，增進信徒的知識和靈性。到了齋戒月的第二十九天，有個稱作「貴夜」的慶祝活動，紀念穆罕默德在麥加城外的洞穴裡接受上帝啟示的第一晚。開齋節是戒齋月的高潮，那是家族成員互相拜訪並交換禮物的歡樂時光。

第五根支柱是前文提到的，到麥加朝聖。前往麥加朝聖，比起每天做五次禮拜，或在齋戒月禁食，是一件更重大的事，因此，按規定，穆斯林一生只需朝覲一次。朝聖者會去造訪亞伯拉罕的天房。天房如今是麥加大清真寺內一個大型的立方體建物，信徒以逆時針方向繞行天房七次，然後爬上名為薩法（Safa）和瑪爾瓦（Marweh）的兩座小山丘。朝聖者會在兩座山丘間跑步或快走，象徵夏甲在炎熱的沙漠中替兒子找尋水源的苦惱，這個水源因為以實瑪利憤怒地踢腳而顯露了出來。

到麥加朝聖的另一個戲劇性元素，是朝聖者會對著代表世界上所有邪惡的三根柱子丟擲石頭。朝聖經驗對於穆斯林而言有強烈的意義，因此完成朝覲功課的男性，可以獲得「哈只」（Hajji）的尊稱，而女性獲得「哈杰」（Hajjah）的尊稱。

這五項明確的責任，使得伊斯蘭成為一個清楚明確並易於信奉的宗教。然而，這些宗教習俗具備了兩項強烈的情感特色。第一是對先知穆罕默德的崇敬。它的程度近乎崇拜，但從未達到真正的崇拜。畢竟萬物非主，唯有真主，**而穆罕默德只是真主的使者**。穆罕默德雖不接受崇拜——他並非神——但他是如此地受到崇敬，因此在提及他的名字時，習慣上會接著說「願他平安」這句話。這是為什麼穆斯林在他們的先知遭到不信者的嘲弄或誹謗時，會如此震驚和憤怒的原因。

當然，穆斯林對於真主的虔誠程度，遠高於對真主使者的崇敬。伊斯蘭的一神論熱列激昂，不時強調真主的獨一性，而《古蘭經》在頌揚真主之美時，則變成了一部抒情動人的作品，書中宣告了真主的九十九個尊名，例如：

真主，高於一切名字的名字……

仁慈者，展現仁慈者當中最仁慈的那位……

慈悲者，和善且充滿同情心……

守護者，看顧他所創造的萬物……

寬恕者，隨時準備要寬恕和原諒……

《古蘭經》中不乏優美和充滿慰藉的文字。此外，也有一些警世之語，說明在這個世界上，在我們與真主的關係中，也存在著危險。好比說，真主有另外兩個尊名：

傷害者，除了給予祝福，也給予苦難……

復仇者，對罪人進行報復……

可見《古蘭經》不只是歌詠真主之美，也嚴厲發出真主對罪人和不信者的怒火。所以，我們就來看看真主憤怒的那一面，以及所造成的結果。

· 24 ·

聖戰

穆罕默德除了作為先知，同時也是個帶領眾人作戰的戰士，為了對付伊斯蘭的敵人——他認為這兩個角色沒有衝突。他投入戰爭，不是為了追求戰鬥的刺激或掠奪的欣喜，儘管他的許多追隨者無疑非常享受。戰爭是穆罕默德達成精神目的的手段，如果我們想瞭解他這個人——或想瞭解歷史上以暴力來達成目的的宗教領袖——我們必須探索他的內心世界。

我們首先要理解，對於像穆罕默德這樣富有遠見的人來說，人世間生命的目的，並非最後等著走到盡頭，而是要去享受生命的本身。生命就像宣禮人的呼喚聲一樣短暫且深刻，就像開場的裝飾性橋段，是作為死後的主節目的序幕，死亡之後，真正的表演才開始。我們停留在人間，是為了決定如何度過在彼方等待著的無盡生命。

想像一下，你獲得一個萬全的保證，只要忍受幾分鐘的折磨，就可以收到匯入你銀行帳戶的一百萬美元，只需你同意便能啟用。你會怎麼做？你願不願忍受短暫的痛苦，換來結束時的一大筆財富？我猜你可能會接受這筆交易。那往往是宗教運用暴力背後的推理。好比說，外科醫生將病患開膛剖肚，並非是冷酷無情地傷害病人，而是為了拯救病人的性命。有些信徒會為了在彼方等待他們的祝福，而像烈士那樣奉獻出生命。而對信徒來說，他們有責任為了保護信仰，而不惜讓朋友或他人遭受痛苦和死亡。不管你喜不喜歡，這就是宗教史上經常出現的聖戰和殘忍整肅背後的邏輯。

很少人像穆斯林那樣精通聖戰，他們先在鄰近地區運用武力建立起伊斯蘭，然後擴張到世界的盡頭。穆罕默德死後的一百年，伊斯蘭已經控制了領土以北的敘利亞和以東的埃及，再從埃及沿著北非傳播。不久，他們控制住巴勒斯坦和大部分的波斯，甚至傳到印度和中國，接著又征服了西班牙，在那裡，基督徒和猶太人的活動獲得有限度的容忍。在某個時機點，伊斯蘭大軍看似即將征服整個天主教歐洲，結果被阻擋了下來。我不太有興趣列舉他們發動的戰役和贏得的領土，我感興趣的是讓他們師出有名的神學正當性，有某些理由在當代世界鏗鏘作響，那就是「聖戰」的概念。

聖戰被某些穆斯林視為非正式的伊斯蘭第六大支柱。的確，堅決奉行五大責任，這件事的本身就被看作是一場聖戰。「jihad」這個單字意指奮鬥或努力，不管是為了維護信仰或建立公義社會所做的奮鬥，或為了保護伊斯蘭不受敵人侵犯所做的奮鬥。許多世紀以來，聖戰一直在這兩個概念之下進行，而且就其暴力層面而言，聖戰甚至被穆斯林用來對付其他的穆斯林。

同一個宗教的擁護者之間產生嚴重的意見不一，在歷史上可謂司空見慣。光是穆罕默德的死亡，就足以讓年輕的伊斯蘭社群爆發異議，它所呈現的樣貌，道出了宗教社群是如何組織自我，以及會在哪些事情上產生紛爭。

宗教上最常出現的爭論是，應該由誰繼承先知的地位，以及應該按什麼原則來任命人選。一開始，穆罕默德的朋友和他忠誠的同僚阿布·巴克爾被推選為第一任**「哈里發」**（*caliph*），意為「先知的後繼者」。不過到了第四任哈里發的任命，就開始產生紛爭了。第四任人選是穆罕默德的堂弟兼女婿阿里，也是穆罕默德女兒法蒂瑪的丈夫。不過，並非每個人都贊同阿里的任命，這件事導致伊斯蘭的分裂持續至今。有一派人屬意由第三任哈里發的堂兄弟穆阿維葉（Muawiya）接任第四任哈里發，所以在接下來的鬥爭中，阿里被殺害，由穆阿維葉接管了權力。後來，擁護阿里的人要求任命胡笙為哈里發，但胡笙在六八〇年不幸戰死。

這次的衝突造成了伊斯蘭的**「分裂」**（*schism*），「分裂」這個術語對宗教史研究者非常好用，應該納入技術語彙。如同其他許多有用的術語，這個詞也源自希臘語，意思是切割或剪斷。「分裂」是指某個團體脫離了主體，建立了自己的派別，而這類脫離的背後，通常存在著宗教上的意見不合。最常見的意見不合，就是任命精神領袖的方式。在基督教，關於「誰才是十二使徒真正繼承者」的這個問題，導致了長期的爭吵，然後演變成持續至今的教會分裂，就像伊斯蘭的分裂。

伊斯蘭的分裂產生了兩個團體：遜尼派和什葉派。遜尼派是較大的團體，什葉派則脫離出來建立了自己的宗派。遜尼（Sunna）是指恪守最初先知之道的人，而什葉（Shia）的意思是「阿里黨」，他們認定先知的繼承者必須是伊瑪目（imam），亦即穆罕默德的後裔。事實上，這些最初分裂的教派中，每一個都存在著無數的團體，這提醒了我們一件事：一提到該由誰當家做主，宗教往往會因為這種爭執而分裂。

宗教社群的領導權爭奪戰，可能被視為一種想要擺佈別人的人性弱點。這些例子凸顯出宗教也具備了世俗面，雖然遺憾卻無可避免。另一方面，啟示型的宗教理應帶領我們進入神的內心和天國生活，因此，當我們發現那裡同樣存在著造成分隔的強制力量，不免感到不安。而且，死後的生活看起來非常像死前的生活。別忘了，《古蘭經》聲稱要趁著我們還在世時，向我們展示彼方的樣貌，但它提供的前景可能會讓人擔心地倒抽一口氣。《古蘭經》告訴我們，每個人在彼方的目的地早已底定，車票已經核發。事實上，早在出生前就核發了。這種**「預定論」**的概念也出現在其他的宗教，包括基督教。然而，不管目的地為何，都會遭受質疑，因為它顯然不公平，而且殘忍。

姑且讓我們先來理解它的說法。多數宗教都認為，在人世間的生活是在為死後的世界做準備。理論上，如果我們過著有益的生活，並且遵守宗教戒律，例如伊斯蘭的五大支柱，我們將獲得上帝的獎賞，被迎入天堂。可是根據預定論的一種解讀，上帝在人們還沒參加考試前，就已經為每個人打好了分數，所以上帝何必費心派先知來提醒我們做出改變和努力？為何要奮鬥，為何要為聖戰而犧牲，既然命運早已經底定？

回頭說說我們的老朋友，那位絕對正確的作者，他異想天開設定了筆下人物的命運，有些人物享受快樂和成功，有些人物則悲慘又失敗。以下是《古蘭經》所記載那個對穆罕默德說話的聲音：「我們已經把枷鎖放在他們的脖子上，那些枷鎖搆著下巴……我們在他們面前設置障礙，在他們後面也設置了障礙……不信道者，不管你是否對他們加以警告，對他們來說都一樣，畢竟他們不信道。」很顯然的，整件事情早已預先確定，而其他伊斯蘭聖典也證實了此事。

除了《古蘭經》，穆斯林還有一部稱作「聖行」（Sunnah）的經典。如果《古蘭經》的內容是穆罕默德從大天使加百利那裡聽來的，那麼「聖行」就是穆罕默德的密友和家人直接從他身上聽來的。聖行包含了「聖訓」（Hadith），也就是穆罕默德的教誨和談話。從某一部聖訓中，我們找到了對預定論的明確描述：「每個人生來便處於天堂或地獄某個早已注定好的位置，換句話說，他快樂或不快樂的命運，都早已注定。」看到這裡，我們不免倒抽一口氣！這如何能符合真主優美的尊名？如「至仁慈者」、「至慈悲者」，以及總樂於原諒的「寬恕者」？

這完全不符真主的形象，因此這條教誨自從第七世紀被記載下來的那一刻起，幾乎無時無刻引發了伊斯蘭學者的爭執。這些學者宣稱，如果真主是公正的，那麼這個預定論與其本性就互相牴觸了。當我們為了宗教而奮鬥——例如奉行伊斯蘭的五大支柱——背後暗示的是人類擁有自由意志。如果人類無法自由聆聽、悔改和奉行救贖之道，那麼真主為何要派遣先知給人類？相關的爭辯如此這般源源不絕。

這種爭辯提醒我們，《古蘭經》的詮釋並沒有乍看之下那麼直截了當。同時，這也指出了宗教研究者另一個苦惱的來源：所有宗教中，都有一群拘泥於字面解釋的人，他們按照表面的意思去理解聖典，例如《古蘭經》。但宗教學者對於文本的理解，通常知道得比那些人多，因此能做出較細膩的解讀。關於某些被拘泥於文字者當作事實而照單全收的描述，宗教學者時常當作隱喻來解讀。宗教典籍的歷史，往往是相互競爭的學者長期爭論不休的故事，不過這通常不重要，因為爭論中的問題無關乎我們的生活。不過，這件事有時也非常重要，因為它可能成為一般人生活中極大的恐懼和焦慮的來源。如果預定論的概念足以令人擔心，那麼相較於地獄和天堂的存在，它根本算不了什麼。

《古蘭經》中有非常多的章節提到了天堂與地獄。例如最著名的段落是第五十六章

「在審判日」，文中天堂被描述成設計來專供人類男性享受的樂園。那裡有永不枯竭的酒泉，喝起來不會醉，也不會造成宿醉的痛苦。那裡還有大眼睛的年輕美女供新來的人享受，作為他們在人間忍受苦難的獎賞。更吸引人的是，在天堂裡沒有無聊的閒話，只會說「祝你平安！」這些待遇是留給《古蘭經》中所謂的「幸福者」，至於被稱作「薄命者」的待遇，則完全是另一回事——他們要下地獄，「置身於熱風和沸水之間，以及黑煙的陰影下。」

天堂與地獄可以當成一種隱喻，藉此思考行善的獎賞或行惡的後果。天堂與地獄也可以視為真實會發生的事情。如果地獄真的存在，意味著上帝會發配祂的一些子女去承受永無止盡、難以忍受的痛苦。我們已經見識過出現在其他宗教中的地獄，現在我們要闔上《古蘭經》。下一章，我們將探討人類最恐怖陰森的發明，走訪有著滾燙沸水和冒烟火焰的地方——我們要參觀地獄。

· 25 ·

地獄

何謂地獄？地獄是一個永無止盡折磨罪人的所在，這些罪人臨死前尚未悔改，因此被送到那裡。根據我們對基督教和伊斯蘭地獄的理解，地獄是一個不可能逃出來的地方，如果你最後下了地獄，就會永遠待在那裡——這是重點。那麼，地獄到底在哪？地獄存在於人類的心智之中，或者說，心智中創造出不同宗教世界的那個部分。想要瞭解地獄，我們必須記得宗教的想像力是如何運作的。它在兩個層面運作，當中有負責思索或納悶的部門。

人類總忍不住思索關於生命的問題，總是想知道生命的意義。早在歷史初期，我們便納悶人死後會有什麼下場。人們猜測有來生存在，也對於人與人之間的極端不平等感到疑惑，並認為既然這個問題很難在這一世獲得解決，如果宇宙中存有正義，那麼，必定來世才能獲得解決。當然，當他們思索這一切，他們沒有真正的資訊可供判斷是否真的有來生。這是一種猜想，或者只是一廂情願的想法，但它自然而然就從人類的沉思中產生，這就是為什麼神學家稱之為**自然宗教**。

接下來的事，由接收部門負責處理，這是人類心智中看見異像和聽見異聲的那個部分。它聲稱接收到關於「來世」的訊息。正因如此，這個神學領域稱作**啟示宗教**。自然宗教想知道在死亡面紗背後的東西，而啟示宗教聲稱已經看見了它。有趣的是，每個地方的人類都會提出這些相同的問題，但答案卻隨著地域有所不同。當中最大的差異，存在於印度宗教與基督教和伊斯蘭之間。

印度聖賢認為人在死後，靈魂不會進入永久狀態，它會重生到另一世，其地位取決它在剛離開的那一世所增加或減少的功德。印度傳統也有天堂和地獄，但它們是個「臨時營」，而非最終的目的地。也許得花上無數世，才能逃脫這個體系，但每個人總有機會逃脫出來，而終極目標是消失到涅槃中。

對於住在西方的人來說，他們的前景不是奠基於最終消失於生命之輪的希望，而是在死後以不同的形式持續生命。早期出現的「地獄」（Hell）這個單字，提供了關於地獄意義可能的線索。在英國古老語言安格魯—薩克遜語中，Hell代表陰間，是往昔靈魂的居所。在《舊約聖經》中，它被稱作「Sheol」，但不是一個嚇人的地方。或許那裡令人覺得沮喪，如同我們現在聲稱「如地獄般令人沮喪」，陰間的亡者就像一個從未從重病中康復的人，他們像幽靈般閒蕩，等待永遠不會到來的東西。

但在宗教史中，沒有什麼是靜止不動的，甚至來世也會發生變化。在以色列人流亡巴比倫期間，波斯人的概念滲入了猶太教。其中一個概念是，人死之後，靈魂最終不會像沉悶的陰間療養院的永久居民。他們如果沒有贏得進入天堂享福的權利，便注定接受地獄的折磨。這種版本的來世在猶太教中從未完全被接受，但在西元第一世紀有了支持者，耶穌是其中一個。雖然耶穌沒有談到太多關於地獄的事，但他似乎認為地獄理所當然存在著，而他用來代表地獄的字眼，賦予它駭人的新意義。

耶穌說，那些鄙視和傷害孩童的人，將被拋入欣嫩子谷（Gehenna）的「不滅之火」中。在某些古老的希伯來著作裡，欣嫩子谷是罪人在審判日之後接受懲罰的地方。後來的傳說聲稱那是耶路撒冷垃圾場的名字，那裡的垃圾不停地燃燒和悶燒，因為人們持續添加垃圾。我們不可能知道耶穌用它來喻指無止盡的懲罰的用意，不過永不熄滅的火爐，已然變成了地獄的標準配備。經過了六個世紀，等到《古蘭經》寫成時，被判決接受無止盡懲罰的人在靠近火爐時，會聽見火爐吸氣的聲音。當他們被投入火中，火爐管理者會問他們：「難道沒有任何警告者降臨於你們之中？」

《古蘭經》對地獄的描述，比基督教經典更為詳細，而且確切掌握到以如此生動的細節進行描述所產生的效果。它所傳達的訊息是，如果人們忽視先知的警告，他們不但會被拖入地獄之火，頭頂還會被澆灌滾燙的沸水，增加額外的痛苦。

到了先知穆罕穆德的時代，地獄的管理者真正變得有條有理，知道如何經營一個極有效能的系統。用驚嚇的手段來使人相信宗教，向來是一種有效的策略。基督教在與伊斯蘭競爭時，它的不利條件是《古蘭經》遠比《新約聖經》更為嚇人，因此基督教認為它必須提升水準。基督教會的《聖經》在恐怖程度上或許贏不了《古蘭經》，但他們手上擁有一件穆斯林所沒有的武器。

和伊斯蘭不同的是，〈第二誡〉禁止偶像的規定，從不會讓天主教會過於煩惱。天主教會相信，各種形式的藝術都能用來榮耀上帝和傳達基督教的訊息，因此，天主教會成為有史以來最大的藝術贊助者，他們利用音樂和建築來頌揚和傳播基督教信仰。但除了各種藝術形式，天主教會還愛好製作偶像。這意味著穆斯林只能用文字來描述地獄，但基督徒卻能把它**畫出來**。大家都知道一幅畫面勝似千言萬語，所以為了確保地獄的訊息清楚顯露，他們在教堂牆上畫出令人覺得噁心的地獄細節。以下是一個實例。

在英國城鎮索爾斯伯里（Salisbury）有一座十五世紀建造的教堂，以湯瑪斯·貝克特（Thomas Becket）的名字命名。貝克特是當時的坎特伯里大主教，一一七〇年十二月二十九日，在亨利二世國王的授命下，他在他的主教座堂被謀殺了。這座用來紀念他的教堂是一棟優美的古老建築，光線怡人地照射進來，但當你來到中央走道，聖所拱壁上有一幅中世紀的「末日審判」圖畫就會陰森地面對著你。「*doom*」在安格魯—薩克遜語中的意思是「審判日」，這時死者會從墳墓中被召喚，去聆聽上帝對他們人生所做的裁決。末日審判圖畫的目的是用來嚇人，而教堂裡的這幅畫作想必非常有效。

這幅畫作繪製於一四七五年，畫面描繪出基督坐在審判席上，右邊是正要被送往天堂的良善之士，有天使正等著迎接他們。但在耶穌左邊的罪人被打入地獄，惡魔正把他們拖進火坑的龍嘴裡。第一次看見這幅畫的人會看圖說故事，畫中的宇宙就像一個三層蛋糕，天堂在最上層，人世在中間，地獄在最下層。人在死後會「上」天堂或「下」地獄，而地獄被認為位於地球的核心。當火山噴發出滾燙的熔岩，據信是「地獄張開大嘴」，要給罪人們嚐嚐在底下等著他們的東西。

基督教不只在教堂的牆上繪製地獄，宣教者也運用想像力，在布道時描繪地獄的恐怖。愛爾蘭作家喬依斯（James Joyce）在自傳小說《一個青年藝術家的畫像》（*A Portrait of the Artist as a Young Man*）中記錄下兒時聽過的某次布道。當時，牧師告訴青少年聽眾，在地獄中燃燒的硫磺火永不熄滅，就像欣嫩子谷的火焰。「人間的火，」牧師大聲喊著，「會摧毀它所燃燒的東西。」火的溫度越高，持續的時間越短。但地獄之火會**保存住**被它燃燒的東西，因此罪人的痛苦**永不結束**！

在地獄中受的苦永無止境，這個概念教人一時語塞，即便你不相信，也會因為竟有人能想出這種概念而感到驚駭！人類至今做出許多可怕的事，但就算是最嚴厲的懲罰，也總有結束的時候，一旦接受懲罰的人死亡，痛苦就結束了。地獄的不良影響在於它所造成的痛苦永遠沒有終點，被囚禁在地獄裡的人永遠處於當下的痛苦之中，沒有未來可以期盼。

在索爾斯伯里的「末日審判圖」中，繪圖的藝術家在畫中加入了一個寫著拉丁文題詞 *Nulla in redemptio* 的卷軸，意思是無可救贖。在這位佚名藝術家在聖湯瑪斯教堂的牆上畫出這句話的百年前，一位名叫但丁的義大利詩人寫出一首關於地獄（他稱之為「*Inferno*」）的名作。在但丁的地獄大門上，他題寫了這句警語：「所有進來這裡的人，不要抱持任何希望。」這句話傳達了相同的訊息：地獄是一個沒有結束和沒有希望的地方，是人類所可能面對最可怕的境況。值得一提的是，天主教會最了不起的神學家阿奎那（St Thomas Aquinas）——同時也是個和善的人——曾說過，天堂的額外吸引力就在於，它有一座便利的陽台，天堂的公民能從那裡能望見被打入地獄的人在底下受盡折磨：「為了讓虔誠的人更能享受天堂之樂，要讓他們清楚看見被打入地獄者所受的懲罰。」因此，地獄是被打入地獄者的痛苦，同時也是獲得救贖者的福氣。

到目前為止，一切都還算嚇人，但宗教善於承認和修正它的極端教義。我們發現穆斯林學者表示，《古蘭經》中的預定論教義與真主的慈悲並不相容，而類似的事也發生在天主教會的地獄觀念。對於那些沒有好到足以在死後進天堂，也沒有壞到要被丟進地獄的人來說，難道沒有一個中庸之道？如果我們能成立一個訓練中心，讓罪人們密集地為進天堂之前的補考做準備，這樣豈不更好？

這個需求得到了認可，於是，這樣的場所在十二世紀正式成立，名為「煉獄」。地獄和煉獄的差別在於，煉獄是有出口的。阿奎那這位熟知煉獄運作方式的大行家這麼解釋：如果人們在因罪受罰之前死亡，他們在煉獄就會有第二次機會。煉獄的好處在於它是一個有希望的地方，當然，煉獄也是個折磨人的地方，但熬過來的人會知道他們不會永遠受罪，等到度過了刑期，天堂大門將為他們開啟。

煉獄的設立無疑是一項善舉，能夠減輕垂死者的恐懼，但教會卻有辦法讓自己的好意變質，煉獄的情況便是如此。教會將煉獄變成一種撈錢的勾當，結果，這種無法無天的行徑造成天主教會終於四分五裂。下一章，我們要探討這件事的始末。

· 26 ·

基督代理人

基督教在第四世紀由羅馬皇帝君士坦丁確立為國教之後的千年間，教會從原本受到迫害和等待基督歸來的宗派，成長為世界上最龐大、最有權力的機構。教會在世俗事務和精神上同樣大權在握，並宣稱它將天國與人世結合成為一個嚴絲合縫的整體。作為一個宏偉的機構，教會的劣跡與善行同等顯著，它支配人間、睥睨君王，並且掌控軍隊，至於當初它聲稱要追隨的那位被釘在十字架上的先知，早已是年代久遠的前塵往事；但耶穌依舊長留於背景中，他對於教會的影響力不曾消失，或許還是個麻煩的存在。

十三和十四世紀，權力如日中天的天主教會學到一個宗教必須精通的重要功課——如果它想繼續航行在波濤洶湧的歷史海洋。如我們所見，容易分裂是宗教的本質，要讓它們四分五裂，並不需要花費太大力氣，好比說，某人的死亡就能達成此事，單單因為一個母音字母所引發的爭論，也辦得到。天主教會認為要避免分裂，最好的辦法就是將權力集中到單獨一個人的手中，還有以這個人為中心而建立的組織，從而穩固這個人的權威。

天主教會達成這個目的的方法，是創造出一個專門的教士階層，來管理龐大組織中的各級單位。天主教教士不准結婚，也不准培養可能妨礙宗教任務的人類忠誠心，教會就是他們的家庭。作為他們做出個人犧牲的回報，他們會獲得極大的威望和特殊的神聖地位，這透過稱作「**宗徒傳承**」的機制賦予他們。如同伊斯蘭什葉派中的伊瑪目，天主教教士不是從凡人那裡接收到他們的權威，而是從神聖的源頭——這便是它運作的方式。

耶穌曾召喚十二使徒來幫助他宣揚福音，而他委任他們辦事的方式，是將他的雙手放在他們的頭上。使徒也用相同的方式，將權柄轉交給他們的追隨者。天主教會聲稱這種藉由覆手禮進行的一連串傳承不曾中斷，這是一條貫穿歷史的綿延管路，一旦中斷了這條傳承線、或者去尋找不同的供應者，你便失去了耶穌的權柄。天主教的主教及他們所任命的教士和執事，因此成為一個不同於一般人的特殊階級。傷害或侮辱教士，都屬於特殊的犯行，是犯下褻瀆神聖、違逆上帝的罪，勢必會得到相應的處罰。

想辦法將天主教會團結起來，是與建立起這個菁英階級，同等重要的事。這個體系真正的關鍵，是如何將絕對的權力集中於一個人，亦即羅馬主教的手中。這個過程完成時，羅馬主教將成為在人間權力最大的人，他說的話不只對在世的人具有權威性，也影響到死後的生命。他可以在人間囚禁你，也可以輕輕鬆鬆讓你進不了天國。鼎盛期的羅馬主教握有滔天的權力，不過這得花上好幾個世紀的時間才能達成。為了瞭解前因後果，我們必須回顧一下第四世紀時的羅馬皇帝君士坦丁。

如果你以為羅馬一直是羅馬帝國的營運中心，那你就錯了。它曾經是，直到西元三三〇年為止，那時君士坦丁決定在帝國東端創設他的帝國公署。他建立了一座美輪美奐、名為「君士坦丁堡」的城市，以他的名字命名（現今為土耳其的伊斯坦堡）。

君士坦丁堡的建城帶動了若干改變，它成為帝國首要的城市，而它的顯赫地位與當地的主教息息相關。諸如羅馬和君士坦丁堡等各大城市的主教，變成極具影響力的人物，他們所掌握的權力，勝過那些比較不重要的地方主教。在東羅馬帝國的城市中，居於首位的主教開始自稱**「牧首」**（patriarch），這個字源於希臘語的「父親」。而在西羅馬帝國，他們自稱**「教宗」**（pope），這個字源自拉丁文的「父親」。在他們所使用的不同語言背後，其他更深層的不和早已形成。理論上，他們仍同屬一個教會，但已經開始分裂。

如同歷史上許多爭執，此次分裂也起因於擺不平該由誰當家做主。耶穌曾責罵他的使徒，因為他們爭論一件事：等到耶穌的王國降臨人間，他們之中哪一個人最大。同樣的爭執也在君士坦丁堡主教和羅馬主教之間爆發：哪個比較大，是東帝國的牧首，或西帝國的教宗？而耶穌這次沒有出來調停。

事實上，精神的權力正流向羅馬。皇帝不再定居羅馬的事實，意味著教宗成為舊首都無可匹敵的權威來源。反觀在君士坦丁堡，牧首總是被皇帝給比下去和緊盯著。到了一〇五四年，雙方的暗中較勁爆發成「東西教會大分裂」（Great Schism）。此時，兩個不同的基督教出現了：東部的東正教會，以及有羅馬教宗的西部天主教會。這個分裂持續至今，雙方都有各自的風格和文化。東正教教士通常會留鬍子，而天主教教士則多半不留鬍子。東正教教士可以結婚，但天主教教士不行。但是，在這些表面的差異下，還存在著一個深層的歧見，事關羅馬教宗所認定的無上權柄的來源。

表面上，這可以視為一般的權力爭奪，畢竟權力是已知最能讓人上癮的藥物，人們會不遺餘力去獲取和保有權力。但是，在宗教權力鬥爭中的爭議者，總是小心地運用神聖的外衣來遮掩他們的野心，宣稱這絕對不關乎人類政治，而涉及對上帝的順從。我們曾在伊斯蘭什葉派和遜尼派的鬥爭中看見這種現象。什葉派利用與先知後裔有關的宗教理論來包裹他們的奪權，至於羅馬教宗，同樣也使出類似的妙計。他之所以要求居先的地位，不是因為羅馬是帝國歷史上最重要的城市，更重要的原因是——耶穌本身也是這麼打算的！以下是他的論據。

耶穌召喚十二使徒時，他將最重要的職位分派給彼得。為了確保其他使徒不去質疑彼得的地位，耶穌甚至給他起了一個綽號。彼得真正的名字（也就是他的猶太名字）是西蒙，但耶穌管他叫「石頭」，希臘語的 *Petros*，拉丁文的 *Petra*。「你以前叫作西蒙，」耶穌說，「但從現在開始，你要叫作西蒙．**彼得**，也就是磐石西蒙。我要在你身上建立我的教會。」事情還沒完。

還記不記得彼得在哪裡去世？是在羅馬，那是西元前六五年基督徒首次遭受迫害的時候。既然彼得是在羅馬被處決，他當然是第一任的羅馬主教。由於他是十二使徒之首，你大可以說在他之後成為羅馬主教的人，都是繼承了他的地位。因此，羅馬主教，也就是彼得的後繼者，必定為眾主教之首，理當成為耶穌在人間的代理人，或說代表。

對此說法東部教會並不買單，他們認為堅稱彼得是第一任羅馬主教，根本是誇大其辭。在彼得的時代，基督徒並不期待他們會待上很久，並且被告知耶穌很快就會歸來，因此他們何必費事去建立一個不久之後便會消失的組織？東部教會這邊是以歷史作為他們的論據，教會的成立，更多歸功於君士坦丁，而非耶穌基督，因此他們不接受教宗的權力高過他們，於是退出了運作。這麼一來，羅馬教宗就順理成章成為了西部教會的首座，但是他沒有停止累積權力。為了瞭解接下來的發展，我們必須回顧那些辛苦通過煉獄的人。

要記得：當時的宗教人士認為，人的這一世，只是在為將來的永生做準備。你的永生如何度過，取決於你在人間的作為。罪愆會讓你下地獄——或煉獄——如果你運氣好的話。這就是為什麼在死之前讓你的罪得到寬恕，是一件天大重要的事。有些人深謀遠慮，遲遲不肯受洗，直到臨死前才努力洗清他們的罪，這表示他們可以在這一世享樂，同時保證來世還有個相當舒適的去處。君士坦丁本人就是這麼做的，他延遲洗禮直到臨死之前才舉行，他做出精準的判斷，而且及時完成。

只要稍微思考一下，你便會明白，如果你擁有能夠寬恕別人的罪、並保證他們進得了天國的能力，這將賦予你支配他們的巨大權力。因此，教宗相信他握有這個權柄，因為耶穌將它傳給了彼得，而他是彼得的繼承者。在十二世紀，教宗們開始利用這項權力，最後使得天主教的磐石崩裂。而這件事跟伊斯蘭脫不了干係。

當我們解讀伊斯蘭的歷史，我們注意到，在先知穆罕默德死後，伊斯蘭戲劇性地傳播到羅馬帝國的南部和東部地區。它所征服的區域之一是巴勒斯坦，因此，對猶太人和基督徒而言神聖不可侵犯的聖城耶路撒冷，已經落入了穆斯林手中。當然，穆斯林也尊敬耶路撒冷，因為那也是他們的聖城。先知穆罕默德不正是神所指定的亞伯拉罕、摩西和耶穌的後繼者？

但教宗對此有不同的看法。對教宗而言，讓穆斯林佔有基督徒的聖城，是一種公然的侮辱，因此他決心收復耶路撒冷。他發起了一場運動，說服歐洲各地的基督徒戰士前往耶路撒冷，為天主教會贏回聖城。回應這項艱鉅的任務而奔赴戰場的人稱作「十字軍戰士」，這個單字的意思是以十字架為標記的人。如同先前在羅馬附近的米爾維安橋（Milvian Bridge）打敗對手的君士坦丁，刻意跟在以十字架標誌作為裝飾的旗幟後面衝鋒，十字軍同樣也利用釘在十字架上的耶穌標誌，在戰鬥中對抗統治巴勒斯坦的穆斯林。

教宗烏爾班二世（Urban II）於一〇九五年發動第一次十字軍東征，接下來的兩個世紀，還有七次的東征行動。十字軍雖然一度奪回耶路撒冷，但他們對東部教會的基督徒所造成的損害，並不亞於他們對穆斯林造成的損害。

十字軍在天主教歷史留下一個難以抹滅的污點，但以下是決定命運的發展：為了激勵男人參加十字軍，教宗提供的獎賞是寬恕他們**所有的**罪，術語稱作「大赦」（indulgence），這個詞彙源自意指「特許」的拉丁文。這個獎賞有其宗教上的邏輯，畢竟從家鄉一路騎馬或步行幾百英里進入危險的戰場，箇中的辛苦很有可能被視為做壞事的報應，就像現今司法體系所判處的罰款或社區服務。

後來，有一位教宗藉由大赦來大賺一票，用以支付一項建築計畫的費用，這時教會開始惹上了麻煩。我們在接下來的幾章進行探討。

· 27 ·

抗議

一五一七年某個春天的早晨，在德國猶特波格（Jüterbog）的廣場，一位傳道者站上肥皂箱，對著圍攏過來的聽眾大聲發表演說，他所說的話，點燃了將基督教國家炸得四分五裂的炸藥。

快來看！快來看！朋友們，這是你們蒙受恩典的日子，這是你們離開監牢的日子，你只需要這一小張紙券。我手中這一小張紙券要價一先令，但它會讓你免去在煉獄中度過悲慘的無盡歲月。

你們是虔誠的天主教徒，知道你們的罪必須被滌淨。你們必須為你們的罪付出代價！你們儘管去告解，但這麼做沒有什麼用。因為這些罪，你們必須在煉獄中受懲罰！每一宗不赦之罪的刑期是七年。你們在一年之內犯下了多少不赦之罪？你們一生中犯下多少不赦之罪？把它們加總起來，你很快會算出你得在煉獄待上好幾百年時間。好好想一想！

但一小張這種紙券讓你免於受罰。在這個盒子裡放進一先令，你就免除了一切的悲慘。仔細聽好，這張紙券不只讓你免除因為先前犯下的罪而必須滌罪的時間，就連你還沒犯下的罪也一起赦免！多麼划算的買賣！

這券上寫了什麼？是大赦的命令，出自我們的聖父教宗本人。教宗派我來告訴大家，現在你只要買張大赦券，等到你死掉時，地獄大門會被拴上，而天堂的門會為你敞開。大赦券不只提供給活人使用，也提供給死人使用！想想你那些身陷煉獄裡的親朋好友。他們年復一年地受罪，痛苦不堪！但只要買張大赦券，你的親朋好友就能脫離煉獄，一眨眼的功夫便上天堂！

還有一件事情要說。大赦券不僅幫助你自己和你所愛的人一個忙，也幫助了神聖的天主教會。安葬聖彼得和聖保羅的羅馬教堂已經毀損，我們的聖父教宗利奧想建造一座美輪美奐、富麗堂皇，睥睨全世界的教堂。你能幫助興建這座教堂！你出的一先令能買一顆石頭，一顆又一顆的石頭將堆砌出新的聖彼得教堂，讓全世界驚羨於它的輝煌。

快來看！快來看！大赦券一張賣一先令！

這位傳道者是若望・特次勒（Johann Tetzel），他隸屬名為「宣道兄弟會」（Order of Preachers）或道明會（Dominicans）的教會特種部隊分部。他是一個五十二歲的硬漢，體格健壯如牛，曾替教會幹過一些棘手的工作。

在特次勒於猶特波格廣場開講的兩個世紀前，教宗額我略九世（Pope Gregory IX）下令設置了一個名為「宗教裁判所」的執法團體，這個團體的探員或審問者奉命以嚴刑拷打等一切手段，徹底根除教會中的不正確教義。他們最有效的刑具是肢刑架。那是一種木製框架，從底部固定住兩條繩索，另兩條繩索則繫在頂部的把手上。受指控者的雙臂和雙腿被綁在繩索上，拷打者會轉動把手，直到受指控者的骨頭脫臼，發出可怕的爆裂聲。如果這樣還得不到供認，行刑者會繼續轉動把手，直到被指控者的雙臂從身上被扯掉。這不是一個「愛你的仇敵和祝福你的詛咒者」的世界，而是說明了當宗教全心全意關注死後的生命，往往使它變成死亡前生命的敵人。

特次勒曾經是宗教裁判所的成員，正因為他擅長說服別人，美因茨大主教（Archbishop of Mainz）找他來擔任大赦券的銷售主任。當時大主教有了麻煩，他那龐大的主教轄區負債累累，雪上加霜的是，教宗還向他追討用來重建羅馬聖彼得大教堂的大筆捐助金。這時，大主教靈機一動，何不跟羅馬談筆交易？讓教宗特許「說服者」特次勒成為他的大赦券官方銷售員，條件是所賺得的一半收入，歸給美因茨大主教轄區，另一半歸給羅馬。這對於四面楚歌的大主教和向他要錢的教宗來說是個雙贏局面。這筆交易因此成交了，特次勒為此於一五一七年四月的那個早晨來到了猶特波格，不久便開始財源廣進。

然而，在特次勒於猶特波格進行商品宣傳幾個月，另一位體格粗壯的德國人卻毀了這樁買賣。一想到基督徒竟用錢買通進天國的路，就讓他非常憤怒，他在附近城市威登堡（Wittenberg）的教堂門板釘了一份用拉丁文寫成的文件，譴責販售大赦券之舉不符合基督教的精神。幾個星期後，這份文件被翻譯成德語和其他歐洲語言，到了一五一七年十一月底，它成了歐洲的熱門話題。一開始，羅馬教宗利奧（Pope Leo）只把它當作笑話看。「又一個喝醉酒的德國人！」教宗發出愉快的笑聲。「等他酒醒後，他會改變心意。」

不過，這個「喝醉酒的德國人」是一位具有奉獻精神的修士。他名叫馬丁路德，他從未改變心意。教宗在得知這個修士的文件造成大赦券的銷售量下跌、進帳大減之後，原先的毫不在乎轉變成怒火，因為他要重建聖彼得大教堂的計畫已然岌岌可危。於是，他發布了一道稱作「教宗詔書」的命令，撤銷了馬丁路德的教士身分，並查禁他的著作。不料馬丁路德收到這份詔書複本之後，竟當眾將它給燒毀了。事實上，他燒掉的不只是教宗詔書，還燒掉了他與天主教會聯繫的橋梁，並引發一個國際性的造反運動——宗教改革。等到這場運動發展結束，基督教歐洲已經四分五裂。

一四八三年十一月十日，馬丁路德出生於艾斯萊本（Eisleben），他的父母親是漢斯和瑪格麗特・路德。儘管家境貧窮且有七名子女要撫養，這對父母決心給他們的聰明兒子良好的教育。馬丁路德就讀艾爾福特大學（University of Erfurt），並於一五〇五年在著名的奧斯定會（Augustinian Order）成為一名修士，兩年後被任命為教士，一五一二年開始在威登堡大學任教。

他獲選提早晉級，並於一五一〇年被上司派往羅馬，代表修道會協商事情。馬丁路德習慣了威登堡嚴肅沉悶的生活步調，在永恆之城羅馬所遭遇的輕浮和腐敗氣息使他驚駭不已，因而回到威登堡後，他更加擔心偉大的羅馬天主教會情勢不妙。他為自己的靈魂感到憂慮，不知道教會是否還有能力拯救它免於下地獄。當然，販售大赦券的勾當和其他貪腐行徑，顯然都幫不上這個忙。但最讓他感到不安的主要源頭，不是教會，而是他從《聖經》中發現的事。

《聖經》並沒有被丟開。出自《聖經》的選文在每日的彌撒中以拉丁文被朗讀，但此時天主教會只是利用《聖經》來支持自己的權威。它提到很久以前住在聖地的基督——它已派出十字軍，希望從穆斯林手中奪回的那個聖地——但重要的是，教宗現在是基督在人間的代理人。《聖經》中任何重要的事物，都被教宗視為己有，包括握有通往天堂或地獄的鑰匙，以及那本很少人能夠閱讀的書中所用的古老文字，因為它是以拉丁文寫成。而在彌撒中朗讀《聖經》的教士們，也極少有人理解《聖經》，他們就像在背誦《古蘭經》：即使不理解，聽起來也很有力量。

然而到了馬丁路德的時代，已經有不少人能閱讀和理解《聖經》，而且不只透過一千年前它被翻譯時所使用的拉丁文。像馬丁路德這樣學者，已經能閱讀當初以希伯來語寫成的《舊約聖經》和希臘語的《新約聖經》，他們明白書中的訊息是來自上帝的言語，而非出自教宗之口。如果你正確地理解，那麼，《聖經》傳布的是好消息，但如果你理解錯誤，它就是很壞的消息。馬丁路德開始擔心天主教會錯誤地理解《聖經》，而且錯得離譜！

《聖經》是被上帝揀選的民族所發生的故事。那是一場婚姻，上帝與以色列締造連理，可惜以色列不忠實。到了耶穌的時代，上帝與祂那不貞的新娘離婚，並選擇了新的新娘，也就是基督教會。歷史是否正在重演？天主教會是否也不再是純潔的基督新娘？或者，她已經變成追求世俗成功和聲色之娛的不貞的妻子？

以色列與上帝之間的約定破裂，這個故事揭露了宗教改革意義的關鍵。想要感受宗教改革的威力，我們必須回顧基督教會為自己所做的重大宣示。它提供男男女女永恆至喜的福音，或者是永恆不幸的壞消息。如果他們忠於與上帝的約定，美好的未來會在天國等待他們。然而，不貞的代價是遭受永無止境的折磨，就像索爾斯伯里的末日審判壁畫生動描繪的那樣。

如何才能得救，一直是馬丁路德心中念茲在茲的事。當他讀到另一位擁有相同執念的基督徒保羅的書信，他獲得了啟示，在靈光乍現的瞬間，他對上帝有了深刻的理解。馬丁路德明白他不會因為無數的禱告和朝聖，或因為教宗親筆簽發的大赦而獲救，相反的，這些行為將他與上帝的關係變成了一樁商業交易，是能用錢買到的東西。他知道他不可能買到上帝的愛。接著他又想到，雖然他買不到上帝的愛，但他也不需這麼做，**因為上帝的愛是免費給予！**能拯救他的，正是上帝的愛，而不是由教會當掮客的假交易。他應該信任這份愛，只選擇信任上帝，而非教會或教宗或其他任何人類代理者。

儘管馬丁路德不可能知道他的心中所想對往後數百年所造成的衝擊，但它是人類故事的轉捩點，它所釋放的兩股力量將永遠改變歷史：《聖經》，以及自由個人與他們的上帝直接面對面。這種立即的效果粉碎了天主教會一度堅不可摧的團結與統一。新教徒的宗教改革已經展開，接下來的幾章，我們將檢視其結果。

· 28 ·

大分裂

馬丁路德所獲得的天啟告訴他，唯有上帝對他的愛，才能使他得救，而非藉由履行宗教責任或購買大赦券。但這個概念未曾被基督教完全接受。馬丁路德沒有認清它的革命性意義，而他在對待別人時，也沒有全然奉行。不過，他所構想出這個概念，現在已經存在了。

學者們對馬丁路德的洞見所賦予的術語，本身就有故事可說。他們稱之為**「因信稱義」**（*justification by faith*）。線索在於「稱義」這兩個字。先別管這兩個字的現代意義是指某人設法為他們自覺羞愧或遭人質疑的事做出辯解。請想像一下，某人因為某件罪行來到法官面前，他有罪、而且知道自己有罪，他也知道法官知道他有罪。然而令他驚訝的是，法官竟然**替他辯護**，宣布他無罪，並且釋放了他。

馬丁路德窺見了一個理解人類與上帝關係的方式。宗教一直以來給人的印象，是上帝一心一意想要懲治人類，人類在一個從未見過題目的考試中被打分數。這正是不同宗教競爭得如此激烈的原因，因為只有他們知道題目；只有它們能指導你應付這場你一出生就報名參加的考試。但是，馬丁路德發現了一個看待上帝的不同方式。他發現的東西就是愛，一種無條件或無要求的情況下，便願意給予世人的愛。如果此事為真，意味著人們可以過著自由快樂的生活，而不必頻頻回頭望向那位決心懲治人類、愛報復的神。

為了瞭解馬丁路德的洞見是多麼激進，我們必須記得宗教一開始是以多麼傳統的方式在運作。不同的宗教固然有差異，但它們的共通點可以用「必須」這兩字來概括。宗教的存在，是為了拯救世人免於可怕的命運，但如果想得救，人們必須相信某些教義和完成某些任務。宗教是羅馬人所稱的「交換條件」。只要你相信這個，或者去做那個，就會獲得回報，有時候這些「必須」是以否定的方式表述：不要相信這件事！不要做那件事！如果你接受宗教是奠基於苛求的神的概念，如此說來便有道理。宗教是一種交易、買賣和保險策略。這確實就是大赦券的本質，買了它，你的未來便獲得保障。其實，這也是人們在許多方面的互動方式，不光是宗教而已。想要拿走什麼，你也得貢獻些什麼。這是一筆交易。

耶穌不是這樣看待人類與上帝的關係。但是，他說的話太教人困惑，因此管理教會的人不曾試著照辦。他說了一個葡萄園主的故事，這位園主在一天結束時，給予每個工人相同的工資，無論他們的工時長短。他說，上帝與人類的關係不是奠基於就業法，而是一對一，針對個人的特殊需求而量身定做。在一個甚至更令人困惑的寓言裡，一個年輕人要求父親給他遺產，還在放蕩的生活中將這些錢財揮霍殆盡。後來他的父親欣然接受這位浪子回家，沒有任何責備。上帝就像那樣，耶穌說。不管我們表現得如何，祂不會停止愛我們。所以，請你也試著像那樣去愛別人！

這未免太瘋狂！用那種方式治理世界，必定造成各種體系和機構的混亂，包括宗教在內。然而以愛作為動機的這麼一個可能性，就是馬丁路德那天晚上在他的威登堡書裡瞥見的東西。如他的英雄保羅所言，愛孕育一切，並且包容一切，上帝對於祂的子女的愛，無法被任何事物擊敗，包括他們無法無天的行為。不管他們犯了多大的罪，上帝仍會繼續愛他們。是愛拯救了他們，不是恐懼和因恐懼而產生的交易。

但教會已經讓一個展現神的仁慈的宗教，變成了展現人類殘酷的宗教。那是君士坦丁所做的事，因為他在耶穌的十字架旗幟下屠殺敵人；那是十字軍所做的事，因為他們在聖地殺戮穆斯林；那也是宗教裁判所做的事，因為它在肢刑架上扯斷了異教徒的手臂。他們全都認為讓人們順從他們版本的上帝是件好事，因為他們版本的上帝，正好是他們自己的寫照。

馬丁路德在那一瞬間看出這一切錯得多麼離譜，這讓他有勇氣挺身對抗天主教會的權力與貪婪，並要求建立一個新的宗教。新教（Protestantism）因而誕生，如它的名字所示（譯注：新教徒〔Protestant〕的意思是「抗議者」），新教是以它所反對而非贊成的事物來定義自我，但它對於權力的嚴厲反對，將某種寶貴的東西帶進了歐洲歷史，日後將成為挑戰政治和宗教專制的一股力量。

有鑑於當時社會的構成方式，新教運動在得不到在地統治者的支持下，無法有長足的進展。當時的歐洲還不是民主國家，因此，經過改革的教派若想要立足，需要國王和王爵貴族的支持。在與統治者的結盟下，新教派紛紛出現，但他們不全然用相同的眼光看待事情，也不全然相信相同的事物，因此，繼脫離羅馬的大分裂之後，那些對於淨化之後的新教會應該有何樣貌，意見不同的新教徒又發生了小規模的分裂。新教的優勢，正是它最大的弱點：它沒有能力與它所不贊同的任何事物妥協。

羅馬教會的能耐，是它能夠抗拒分裂的能力，它的忠貞，是把不同地方的不同群體結合在同一信念下的膠水。即便用拉丁文做彌撒，也具有團結的效果，因為只有受過教育的人才懂拉丁文，而懂拉丁文的人向來就不多，即使是神職人員。所以在歐洲各地，來做彌撒的人根本不知道祭壇上在說些什麼，但他們仍是處處都相同的神聖秘儀的參與者。在宗教改革之下，這種團結統一永遠消失了，除了天主教會本身。

歷經宗教改革的震撼，天主教會以自己的改革運動作為回應，稱作「反宗教改革」。教宗保祿三世在義大利的特倫托（Trent）召開會議，時間約在一五四五和一五六三年間。一如預期，這個會議譴責了馬丁路德的著作，但也批評教會的弊端促成了這些言論。樂於自稱為「聖彼得的三桅帆船」——以它喜歡稱作「首任教宗」的使徒名字命名——的羅馬天主教會，挺過了幾乎令其傾覆的暴風雨，它繼續航向歷史，偶爾受到風浪衝擊，但未再遭遇嚴重的威脅。

但新教教會的情況是另一回事。如果我們繼續沿用航海的比喻，那麼新教便是從掛著國旗的幾艘大船，迅速倍增成一個由彼此競爭的船隻所組成的船隊，其中某些船的尺寸頂多算是獨木舟。有兩個因素促成這個數量倍增的結果。

主要的因素是《聖經》。一旦你讓一本書脫離單一權威的控制，它就容易產生多種詮釋，尤其這是一本據信由上帝給予啟示的書。馬丁路德發現了《聖經》中的因信稱義，但還發現了其他東西：《聖經》中許多觀點是互相矛盾的。畢竟《聖經》是歷年來由許多佚名作者書寫和改寫的叢書，每個人都可以從書中讀出些什麼，端看什麼樣的需求和恐懼在驅使他們。某些新教的教會發現《舊約聖經》比《新約聖經》給予他們更多的啟示。我們會看見宗教改革在不同國家實行所造成的影響，我們也會發現，自古以來對宗教中絕對權威的渴望，從永遠正確的教宗，轉移到永遠正確的《聖經》。

新教徒分裂的另一個原因，是宗教改革解放了個人。傳統宗教未曾給予一般信徒太多選擇的自由，他們必須按照管理教會的主教和教士的吩咐行事。宗教改革藉由申明了個人擁有良知，以及有權利與上帝形成個人的關係，從而摧毀了這種獨裁主義。宗教改革否決了個人必須透過被正式認可的專家來接觸上帝的這種概念，而相信所有的信徒都具備教士的身分，不光只有那些受命承接使徒傳承的人。這正是新教難以組織成單一機構的原因，因為總會有造反者去挑戰已經當家作主的人，一旦沒有達到目的，他們就脫離組織，去開創自己的教會。

然而，宗教改革的教會的最大敗筆是，他們不曾質疑君士坦丁使用暴力去對付基督教的敵人，而讓基督教變得墮落的做法。馬丁路德曾經短暫洞察到愛的道理，但天國之門再度關閉，而且馬丁路德在對付他的對手時，一如他們之中最壞的人一樣殘忍而無情。當他的權威被挑戰，他絕不介意對倒地不起的人再補上一腳。

他確實就是這麼做的。當時德國農民受到宗教改革挑戰教會權威的激勵，而開始質疑他們為什麼不能從地主的權力下解放出來。這些人不是真正的奴隸，卻近似於奴隸。他們是農奴，也就是沒有權利也沒有辦法脫貧的農業勞工，必須一輩子替住在豪宅和宮殿裡的貴族工作，直到死亡。教會聲稱這是上帝欽定的安排：「富人住在他的城堡，窮人守在他的門口，上帝讓他們的地位有高有低，定出他們的階級。」有一首讚美詩如此說道。不過，這些農夫可不這麼想，因為宗教改革給了他們希望。如果教會能改變，為何社會不能改變？如果馬丁路德能夠顛覆羅馬教會的權威，他們為何不能推翻德國地主的權力？

這些農奴的造反活動稱作「農民起義」，從一五二四到一五二五年，僅僅持續了一年。在馬丁路德懷抱著不以為然的心態的支持下，當局殘忍地鎮壓了這場暴動，造成十萬人喪命。事件一結束，出來維持治安的幫眾在全國各地毆打那些餘留下來的農夫，還放火將他們從小屋中逼出來。這是宗教執迷於讓人進天堂，卻對於想出辦法來幫助世人和平相處不感興趣的又一個例子。馬丁路德對農民起義鎮壓的參與，可以被描述為第一次新教十字軍運動。此後還有其他的例子，通常是新教徒對付新教徒。

到了十六世紀末，除了愛爾蘭，北歐幾乎全都信奉了新教。這些新的教會具備了不同的形式，而且往往意見嚴重分歧。但歐洲不是唯一歷經宗教危機的大陸，印度也正在遭遇宗教危機，所以，在越過英吉利海峽一探宗教改革如何衝擊英格蘭和蘇格蘭之前，我們先轉個彎，看看印度發生了什麼事。

· 29 ·

那奈克的改革

馬丁路德想必不會喜歡創立錫克教的那奈克（Guru Nanak）上師，但他與那奈克其實有許多的共通點，例如，他們都生活在一個動盪時代。那奈克出生於一四六九年，而馬丁路德出生於一四八三年。那奈克卒於一五三九年，馬丁路德則在七年後的一五四六年去世。他們從未聽說過彼此，而且相隔四千英里之遠，那奈克住在印度，馬丁路德住在德國，但兩人都是天生的宗教改革者。他們的生活方式和所相信的東西天差地遠，這提醒我們：宗教在尋求真理和純粹這個層面時，是多麼容易分裂的傾向。

錫克教徒是上師那奈克的門徒或信徒，在那奈克之後，還有九位上師。雖然那奈克是錫克教的創始者，但他所構思的信仰直到一七〇八年第十任、也是最後一任上師去世，才達成最終的形式。**上師**是闡明神的意義和使其存在變得真實的導師。上師那奈克在去世之前，任命安格德（Guru Angad）上師接替他，而安格德上師在一五五二年去世前，則任命阿瑪爾．達斯（Amar Das）作為他的繼承人。錫克教上師以這種方式進行的使徒傳承，一直延續到一六七六年的第十任上師戈賓德．辛格（Guru Gobind Singh）。

接下來發生了一件有趣的事。辛格上師決定不再任命他的繼承者，他宣布此後在錫克教徒中，代表上帝的上師，將以兩種不同但相關的方式存在。第一，錫克教的聖經將成為上師，稱作格蘭特．薩希卜（Granth Sahib）上師，它將位居錫克教神廟的核心，象徵上帝存在於他們之間。

上師存在的第二種方式，是已經正式入教的錫克教信徒團體，卡爾薩·潘特（Khalsa Panth）上師，意思是「純粹之道的上師」。如同在宗教改革時出現的某些基督教教會，錫克教徒不認為他們需要教士聯盟來指導他們的信仰，忠信之士與上帝之間，不需要中間人，所有信徒在上帝眼中都是平等的。所以，為了有助於理解，我們可以將錫克教徒想成印度宗教裡的新教徒，而將純粹之道的上師，想成是基督教改革者所鍾愛的「信徒皆具教士身分」這個概念。錫克教還有其他層面可以被解讀成某種形式的印度新教，但讓我們先回顧錫克教的第一位上師那奈克，看看這一切是如何開始的。

那奈克出生於印度西北部的旁遮普（Punjab），父母是隸屬商人種性的印度人。印度教在很早之前就成為印度的首要宗教，但此時伊斯蘭已經接管了印度。穆斯林商人最早於西元第八世紀帶著信仰抵達印度。一如既往，印度很快接受了其他形式的宗教，於是，伊斯蘭在次大陸的宗教系統中生根了。到了第十世紀，鄰近的阿富汗穆斯林開始侵襲旁遮普，這次他們更感興趣的是獲得戰利品，而非強行灌輸對方信仰。但他們所遭遇的多神教令他們感到駭然。

穆斯林持續入侵，等到那奈克於十五世紀出生時，龐大的蒙兀兒帝國已經開始控制印度。蒙兀兒人起源自中亞的蒙古，等他們到達印度，他們皈依了伊斯蘭。那奈克幼年時的印度皇帝是穆斯林，但印度教的「普救論」感染了新的統治者，蒙兀兒帝國因此對於不同的信仰採取了寬容態度。所以，認真進行精神追求的那奈克可以自行選擇信仰。他該選擇印度教，或是伊斯蘭？

那奈克決定親赴這兩個宗教的聖城朝覲，以尋求靈感。據說他西行遠至位於阿拉伯的麥加，當旅程結束回到旁遮普，他發現印度教和伊斯蘭都不是他所追尋的途徑。在某次與上帝的神秘遭遇後，他宣布了一條與眾不同的路。

然而，當我們檢視他所獲得的啟示，我們可以看得出來，儘管它具有自己的特色，但也包含了其他兩個宗教的成分。如同穆罕默德和新教宗教改革的領導者，那奈克厭惡浮誇的宗教，他是一神教的信徒，極度蔑視販賣偶像崇拜的商人。他見識過宗教是多麼容易淪為精神騙子的勾當，成為上帝的推銷員。那奈克深信上帝早已存在於一般男男女女的心中，根本毋需透過代理人來做工，因此，他厭惡那種需要專門的教士來執行的宗教儀式。

在這個看法上，他更傾向伊斯蘭，而非印度教。但在同情靈魂渴望被拯救、免於一世又一世在人間流浪的態度上，他卻是個印度教徒。相信「業」和「輪迴」是印度教教義的特色，而那奈克接受了上述教義。上帝告訴那奈克說，他已經擺脫不斷回到人間的循環，而且為了讓人們知道每個人都能獲得拯救，免於重生的循環，因此祂才派那奈克來擔任祂的子民的上師。

在一個描述那奈克的靈性經驗的故事中，他的任務被這麼描述。全能的神對他說：我將你從出生、死亡和重生的循環中解放出來，那些懷抱信心看待你的人，將會得救；那些懷抱信念聆聽你言語的人，也將會得救……我應允你救贖之道。那奈克，回去那個邪惡的世間，教導男男女女祈禱、慈悲施捨和過著潔淨的生活吧。要在世間行善，補救這個罪惡時代。

到目前為止，我們可以斷定那奈克所做的，無非就是擷取印度教和伊斯蘭的概念，然後重新包裝，但他之後的所作所為卻十分激進而且極具特色——至今仍是如此：他要求人們共食。這聽起來不算什麼新鮮事，但在宗教史上，卻具有革命性。在宗教社群中，信徒必須知道他們被允許或禁止跟哪些人一起吃飯，甚至還有個術語「commensality」，意思是他們可以與之共食的群體。

此外，宗教社群費了極大的功夫，說明信徒不能和什麼人一起吃飯，因為宗教具備了純淨的精神，相信世間存在著不潔的食物和不潔的人。如果你碰觸到它們，就會招致上帝的厭惡，而且需要被淨化。這種概念在實行階級或種族隔離的國家表現得尤為強烈。在印度教的種姓制度中，就連不可碰觸者（賤民）的影子落在婆羅門的食物上，都會使食物變得不潔而必須丟棄。

印度教並非唯一實行這類區分的宗教，連猶太教也是。猶太教有所謂「不潔的種族」和「不潔的食物」。該教對耶穌所做的指控之一，正是耶穌不顧這些禁忌，不僅跟罪人說話，還與他們同桌共食！

進食禁忌如今仍在基督教中發揮作用。基督教禮拜的主要儀式是一種儀式化的進餐，稱作「主的晚餐」或聖餐，或彌撒，根據的典故是來自耶穌在死亡前夕與門徒共進的最後一餐。耶穌告訴門徒，要繼續做這件事來紀念他。此後基督徒持續這麼做，但是他們並非跟任何人都可以一道吃聖餐，好比說，羅馬天主教徒就不會跟新教徒一起吃聖餐，有些新教徒也不會跟其他新教徒或自己圈子以外的人吃聖餐。而且，許多基督徒相信，如果你有罪，根本就不應該吃聖餐，這就像沒吃晚飯就被打發去睡覺，作為一種品行不端的處罰。

那奈克厭惡一切的禁忌。他看見這些規定是如何在人與人之間築出一道隔離的牆，而且是打著同等愛護每個人的上帝的名義。那奈克的回應方式出奇的簡單，他將共餐的習俗引進了錫克教徒的社群。這種習俗對所有的種姓開放，而且免去教士們喜歡用來裝點人類活動的那些裝飾式儀式，就只是平常的一餐！他們像一家人一樣一起吃飯。在錫克教的神廟裡，廚房和建築的其他部分一樣神聖，食物被烹煮和分享，藉以頌揚人人平等，不分種姓、信仰、種族或性別。這就是為什麼錫克教神廟設置了東西南北四個方向的門，用以象徵它是對所有的來訪者開放。追隨那奈克的所有上師，無不強調共餐在錫克教信仰中的重要性。第三任上師阿瑪爾・達斯甚至堅持任何想面見他的人，下到地位最低等的農夫、上至印度皇帝本人，都得先與他共餐。

追隨那奈克的九位上師，每一位都願意改變他們對未來的願景，以符合時代的需求，但賦予錫克教戲劇化的身分、使它至今仍具有特色的人，是第十任上師。蒙兀兒印度即使對宗教相對寬容，但遠非一個開放型的社會，因此，錫克教徒必須保護自己免受伊斯蘭的非難。第六任上師哈果濱（Hargobind）建立了一支錫克教軍隊來保護他的社群，然而是第十任上師辛格的作為帶給了錫克教優勢，他鼓勵人民建立一座加固的城鎮，並且接受軍事訓練——這提醒我們，新宗教通常得保護自己免於遭受他們所拋棄的團體的迫害。錫克教徒就這樣成為一批傳奇的士兵，他們採取的軍事風格，讓他們至今特立獨行。

錫克教有五大特點，被稱為「五個K」。第一個K是不剪髮（Kesh）。錫克教徒以留髮作為他們的信仰表徵，男性教徒以纏頭巾包裹住頭髮，女性教徒則可以戴纏頭巾或頭巾。第二個K是梳子（Khanga），象徵純淨的梳子被用來固定住錫克教徒的長髮。第三個K是戴在手腕上的鋼製手環（Kara），象徵上帝的無始無終。第四個K代表劍（Kirpan），這把劍用吊帶懸在腰間，提醒錫克教徒他們的軍事歷史，以及為正義而戰的責任。最後的K是士兵的內褲（Kaccha），用來提醒他們自律的必要性。

錫克教不同於基督教和伊斯蘭，它不是一個要求別人改變信仰的宗教。它和猶太教一樣，其種族身分與信仰密不可分。雖然錫克教樂於接受所有希望入教的皈依者，但他們不會特地遠渡重洋去找尋皈依者，因為錫克教並非視自己為唯一經認可達到救贖之道的宗教。錫克教徒相信，世界上還有許多通往上帝的途徑，他們在這方面展現出作為印度靈性特色的寬宏大量，與西方世界的基督教常見的不寬容，形成了對比。這暗示我們該離開印度，前往英國看看在十六世紀間宗教改革的戰役，是如何如火如荼地展開。

· 30 ·

中庸之道

當我還是個學生時，有一位教授「教會史」的講師來自亞伯丁（Aberdeen），他把宗教課上得有聲有色。講到宗教改革時，他用了一個至今令我印象深刻的比喻，說明不同教會在十六世紀的鬥爭中脫穎而出的方式。

「你有一個小兒子，」他說，「他跟同伴們在外頭玩耍。當他在就寢時間回到家時，帶著滿臉的髒污，全身都是成天在外遊蕩沾上的泥巴。你看見他進門的這副模樣，你會怎麼做？你有三個選擇。你可以讓他就這麼上床睡覺，任他將骯髒的頭躺在乾淨的枕頭套上。或者，你可以砍掉他的頭，如此一來，肯定能除去泥巴，但你從此也失去了一個兒子。或者，你先幫他洗個澡，再替他蓋上被子，讓他好好睡一晚。」

這個比喻是什麼意思？他在探討宗教改革之後留存下來的教會，該如何延續過去的傳統。有三種模式可供選擇：一，沒有改變就一直延續下去；二，做出改變，但無法延續下去；或者三，做了某種改變，並且延續下去。天主教會延續了可以追溯到十二使徒時代的基督教。到了十六世紀，它已經像個小男孩一樣滿臉髒污，但在這些污垢之下，它依舊是打從一開始的那個教會。它具備了基督教精神，只是未經改革。

然而，對於極端的改革者而言，天主教已經不再具備基督教的精神。教宗不只是弄髒了臉，還是個反基督者。他假裝自己是基督的門徒，事實上卻是基督之敵。他彷彿是個擔任國家元首的外國間諜，目的是為了從內部摧毀這個國家。天主教已經走到黑暗面，因此它邪惡的頭必須被砍掉。

介於兩者之間的改革者則主張，他們只需將天主教會的臉洗乾淨就行了，他們不打算除去天主教會，只想抹掉使它變得難看的污垢。在宗教改革時出現的所有教會中，英格蘭教會最重視這種折衷之道，而且宣稱自己抱持中間立場。它說，它所爭執的事全然無關天主教會，而是針對天主教會的其中一名主教，亦即羅馬主教。試問，一個義大利主教有何權利干預別的國家的事務？他所宣稱君臨天下的權柄，並不屬於天主教會最初身分的一部分。他緊握權力不放，已經造成東部東正教會與西部天主教會的大分裂，而他依舊玩著他的老把戲，一不小心可能還會引發另一次大分裂。

但這個故事還有另一面，而且它與英格蘭國王的婚姻困境的關聯，更甚於羅馬主教的野心。這位國王是亨利八世，他以娶了六個妻子而聞名。想瞭解事情的始末，我們必須回溯到他出生前大約四十年的時候。亨利出生於一四九一年六月二十八日，時值持續了三十七年的一連串戰爭結束之後的四年，這些戰爭已經使得英格蘭四分五裂。一四五五年的戰火，一直肆虐到一四五八年亨利．都鐸（Henry Tudor）贏得了博斯沃思之役（Battle of Bosworth）而結束紛爭。都鐸後來被加冕為亨利七世國王，天下終告太平！

但中世紀的國王絕不會將和平視為一件理所當然的事。「戴王冠的頭顱，是無法安於枕席的。」偉大的劇作家暨君主政治的研究者莎士比亞這麼寫道。

未來亨利八世國王的成長，將伴隨著使他父親登上英格蘭寶座的鬥爭故事展開，他將學會一個國王必須對於威脅到寶座的任何芝麻小事保持警覺。但幸運的是，這件事對他來說並不重要，因為亨利七世過世之後，他哥哥亞瑟會先成為國王。年幼的亨利聰明頭腦且體格強健，只管努力讀書和玩耍，但就在他長到十歲時，一切都變了。亞瑟亡故，身後留下變成寡婦的西班牙公主亞拉岡的凱瑟琳（Catherine of Aragon），亨利只好成為由父親打下王位的繼承人。當亨利七世於一五〇九年去世，他的十七歲兒子繼任為亨利八世，接著御宇三十八年。

部分的故事在亨利登上英格蘭王位的時刻展開，亨利決定迎娶哥哥亞瑟的遺孀亞拉岡的凱瑟琳。凱瑟琳比亨利年長五歲，這是件不尋常的事，因為《聖經》似乎禁止這種事。《舊約聖經．利未記》中明白禁止男人娶其兄弟的遺孀：「人若娶兄弟之妻，這將是污穢的事，羞辱了他的兄弟；」——然後是真正的壞消息——「二人必無子女。」為了讓這門婚事取得進展，亨利得到教宗的特許，最後如願以償地和凱瑟琳結婚。這回亨利非常慶幸教宗的權威及於英格蘭。

不過，當凱瑟琳無法生出男性繼承人，麻煩就來了。這是讓亨利真正擔心的事，對任何中世紀的國王來說都是如此。確保有個男性繼承人，是當時的皇后全心盼望的事，而凱瑟琳未能達成任務，她只替亨利生了一個女兒瑪麗。亨利對《聖經》知之甚詳，事實上，他多少算是個神學家，他能閱讀拉丁文和希臘語，而且是個堅定的天主教徒。他痛恨所有宗教改革的言論，還寫了一本小冊子抨擊馬丁路德的神學理論，而贏得教宗利奧十世賜封的「信仰的保護者」特別頭銜——這是英國國王至今仍聲稱的頭銜。瞧瞧一英鎊的硬幣，你會發現緊接著女王名字後面的 FD 字母，代表拉丁文的 *Fidei Defensor*，意思就是「信仰的保護者」。

所以，無論亨利八世是個什麼樣的人，他都絕非一名新教徒。他並不想要一個新的英格蘭教會，他只希望妻子能替他生個兒子。解決辦法很簡單，教宗已經給予他迎娶凱瑟琳的特許權，儘管這違反了《聖經》的教誨。不過事實是，凱瑟琳未能給他一個兒子，就證明了教宗首先絕不該同意他的婚事。看看〈利未記〉是怎麼說的？二**人必無子女**。既然女兒不算數，亨利因此認為自己**沒有**子女。那麼，教宗應該宣告這門婚事無效，也就是宣布他與凱瑟琳從來不是一個有效的婚姻。

對教宗來說，這是個棘手的要求。如果他同意取消婚事，那麼他會得罪凱瑟琳的西班牙皇親國戚，但如果他拒絕取消這門婚事，又會激怒英格蘭國王亨利。所以，他選擇什麼都不做，靜待發生某件事讓他解套。

結果，亨利生命中的另一個女人安．博林（Anne Boleyn）出現了，她是凱瑟琳皇后的侍女。亨利相信迎娶已故兄弟的妻子使他受到了詛咒，於是他轉而愛上了博林，並偷偷在一五三三年和她結婚。一五三四年，亨利說服他的顧問找出歷史上的前例，宣布自己是英格蘭教會的最高領袖。這個統領教會的新權威所發揮的第一個用途，就是宣告他之前與凱瑟琳的婚姻無效。自此，脫離羅馬管控的過程終於完成。

值得注意的是，這次的分裂不是因為新教徒要求一個新的教會，而是英格蘭國王要求一個新的人生。英格蘭當然有不少新教徒，其中一位是國王的首要調停者湯瑪斯．克倫威爾（Thomas Cromwell），儘管亨利不太可能知道他的贊同態度。從這個混亂局面中，一個宣稱既屬天主教、又是宗教改革派的英格蘭教會就此誕生了。英格蘭教會保留了由主教、教士和執事所組成的教團，並宣稱它們依舊隸屬於使徒的傳承，也保留了大部分古老的節日和新的《公禱書》（*Book of Common Prayer*）中的齋戒，以便讓英格蘭人能用自己的語言做禮拜。英格蘭教會並不是一個新的教會，甚至算不上是不同的教會，它是有著一張光亮乾淨臉孔的天主教會。

無論如何，英格蘭教會喜歡這樣描述自己，不過，它的出身可一點也不光亮乾淨。促使英格蘭脫離古老的天主教會的原因，是出於皇室政治的考量，而非經過改革的宗教理論。但英格蘭的宗教改革，說明了我們對宗教的理解，應該思考到一個面向：宗教不可避免地會跟人類政治糾纏在一起。**「政治」**一詞源自於意指城市的希臘語，是人類在極度緊張的氣氛和爭論中，組織公共生活的簡短說法。政治會入侵到每一件事當中，從學校遊樂場中的爭吵，至聯合國裡的辯論。

打從一開始，宗教就是政治混亂的一部分。我們甚至可以說，上帝與人類的關係，本身即是一種政治，因為事關理解一方與另一方的關係。宗教從一開始便是世俗政治的一部分。宗教之中顯然存在著政治因素，例如，應該由誰來管理宗教，以及如何推出人選之類的爭執。

然而，當宗教變成一種敵對政權的武器，被用來宣稱上帝站在他們那一邊，無論他們在爭執什麼，都會引發危險的事。因此，我們必須將宗教改革視為一種不可能將宗教與政治分開的運動，尤其是在英格蘭。為了確保王國的安全，亨利必須離婚，如果教宗不願讓他離婚，他就得找到能讓他離婚的人。所以他選擇與羅馬教會鬧分裂，結果英格蘭教會就這麼誕生了。英格蘭教會雖然放棄它的起源，但它確實自認為是兩個極端之間的中庸之道，它依舊是天主教會，但擁有一張更乾淨的臉。話說亨利離了婚，博林一樣沒有替他生出兒子，但倒是生了個女兒，可見詛咒沒有結束。亨利以虛構的通姦為由處死了博林，之後又娶了珍·西摩（Jane Seymour）。西摩終於替他生下了兒子，名叫愛德華（Edward）。當亨利去世，九歲大的愛德華順利繼任了王位。

在愛德華短暫的統治期間，英格蘭教會變得相當鞏固。然而愛德華的繼任者是亞拉岡的凱瑟琳的女兒瑪麗，結果讓英格蘭的宗教政治又朝向了另一個方向轉變。天主教會恢復過來，而且瑪麗開始對那些使她母親人生悲慘的人展開了報復。她以異端邪說為由，殺死了許多新教徒，這使她贏得「血腥瑪麗」（Bloody Mary）的綽號。

瑪麗死於一五五八年，鐘擺再度擺盪。瑪麗的繼任者是博林的女兒伊莉莎白。伊莉莎白在位直到一六〇一年，為王國帶來了和平與穩定。諷刺的是，當初亨利八世不想要的女兒，卻證明是英國有史以來最明智的君王之一，她維持了國家的穩定，並完成英格蘭教會的宗教改革。但是，她也可以像她父親一樣冷血無情。一五八七年，伊莉莎白以謀反罪名將她的表親蘇格蘭人的女王瑪麗（Mary Queen of Scots）斬首。為了瞭解這件事的源由，我們必須北上蘇格蘭，在那裡，宗教改革轉了一個迴異的彎。

· 31 ·

砍掉野獸的頭

要當上中世紀歐洲的王后，是件不簡單的事。你的任務是締結國家之間的聯姻關係，以及為可能不愛你的男人生孩子。這便是亨利八世第一任妻子亞拉岡的凱瑟琳的遭遇，不過，她至少還死在自己的床上，而亨利的曾外甥女蘇格蘭人的女王瑪麗，卻是死在行刑的砧木上，成為她那個時代宗教衝突的犧牲者。瑪麗於一五四二年出生在蘇格蘭，她的父親是蘇格蘭國王詹姆士五世（King James V），她的母親是來自法國的吉斯的瑪麗（Mary of Guise）。她自幼喪親，父親在她出生幾週後去世，她理所當然地成為蘇格蘭女王。她在五歲時被送到法國定居，十五歲嫁給十四歲的法國王儲法蘭西斯（Francis）。

瑪麗的公公法國國王亨利二世（King Henry II）成為她從來不認識的父親。她努力讀書，很喜愛動物，過著舒適和受到保護的生活。後來瑪麗再度喪親，公公於一五五九年去世，她的丈夫繼任為法蘭西斯二世國王，而她則成為王后。一年後，她的母親蘇格蘭攝政王后（Queen of Scotland）去世，六個月後，她的丈夫法蘭西斯也相繼身亡。十八歲的瑪麗父母雙亡，自己成了寡婦。自幼學習的天主教信仰支持著陷入悲痛中的她，當瑪麗被召回蘇格蘭成為女王，她也帶著她的信仰回家。但是，在她離開家鄉期間，蘇格蘭已經信奉了新教，這個國家對於一個信仰天主教的女王，會有什麼反應？

一五六一年八月十九日，瑪麗抵達她的出生地。當她準備在愛丁堡皇家一英里（Royal

Mile）盡頭的宮殿度過第一夜，窗外傳來一陣歌聲。那不是唱著蘇格蘭古曲歡迎她歸來的百姓，而是一群用蘇格蘭的新教聖詩警告她的抗議者。當中傳達的訊息是：你要小心點！蘇格蘭的昔日盟友法國即使仍然信奉天主教，但蘇格蘭現在已經信奉了新教。所以，你最好要小心，天主教的女王！這是個壞預兆，年輕的女王肯定會有麻煩。這群唱歌群眾的帶頭者，是一個留著長鬍子的矮個子男人，名叫約翰・諾克斯（John Knox）。

蘇格蘭的宗教改革來得較遲，始於一個名叫派翠克・漢彌爾頓（Patrick Hamilton）的年輕男子，他將新教的概念從他留學的歐洲帶了回來。如今在聖安德魯斯（St Andrews），你還看得到在一五二八年天主教會因為漢彌爾頓的信仰而將他燒死的那個所在地，當時的慘劇由於手法拙劣，漢彌爾頓掙扎了六個小時才氣絕身亡。但聖安德魯斯的下一個殉道者喬治・威沙特（George Wishart）之死，點燃了終將毀滅蘇格蘭天主教會的烈火。

威沙特極富同情心，他在劍橋就學時，就曾把床單送給窮人取暖，但他的善良無法阻止教會因為他信奉新教而逮捕他。一五四六年，威沙特也被燒死在火刑柱上。蘇格蘭教會的首腦紅衣主教比頓（Cardinal Beaton）從他位於聖安德魯斯城堡的窗口觀看整個行刑過程，他或許在查看執行刑罰的效率。這回，他們在威沙特的口袋裡裝滿了火藥，以確保他更快被燒死。

威沙特死後的幾個月，一群新教徒襲擊城堡，刺死了比頓作為報復。後來陸續有人加入，並將自己鎖在城堡裡。約翰．諾克斯是其中一個，他正是瑪麗女王在愛丁堡時，站在她窗外唱歌的那個男人。他曾是天主教的教士，深受威沙特的新教信仰所影響。

諾克斯較遲才接觸《聖經》。有兩本書像現今的報紙頭條那樣引起了他的注意：《舊約聖經》的〈但以理書〉和《新約聖經》的最後一章〈啟示錄〉。〈但以理書〉約成書於西元前一六七年，正值安條克國王（King Antiochus）迫害以色列人的時期。〈啟示錄〉於第一世紀末寫成，那時羅馬皇帝圖密善（Emperor Domitian）正在迫害草創期的基督教會。這兩章的內容皆使用只有受迫害者才懂的密語寫成，強化了他們堅定抗敵的決心。時局雖壞，但那是黎明前的黑暗，他們終將贏得戰爭中的最後一役，上帝會前來替世人驅除試圖吞噬祂的子女的野獸。

諾克斯深感震撼，這些文字不是在談論過去，而是指目前就發生在蘇格蘭的事！天主教會就是安條克國王！他們的任務不是改革天主教會，而是摧毀它，再用全然不同的東西加以取代。在聖安德魯斯的某次布道中，諾克斯引用了但以理的密語：

至於那十角，就是從這國中必興起的十王。後來又興起一王……他必向至高者說誇大的話，必折磨至高者的聖民……聖民必交付他手一載，二載、半載。

此刻正發生在他們身上的事，不正像但以理所說的那樣？諾克斯轉而提到〈啟示錄〉中的野獸：

我看見那獸和地上的眾君王以及他們的軍兵聚集在一起……那獸被抓了，那假先知也與牠一起被抓了——他在獸面前行了許多奇蹟……獸和那假先知，兩個都被活生生地丟進燃燒著硫磺的火湖裡……

在諾克斯看來，這不是關於以色列過往的歷史，而是關於現在的聖安德魯斯。神的審判正在降臨蘇格蘭，人們必須選邊站，沒有模糊妥協的空間。你只能選擇站在上帝這邊，或者是支持對抗上帝的天主教野獸，沒有中間立場，諾克斯用蘇格蘭語「na middis」來表明這種態度。這是我們第一次聽到諾克斯發聲，原本可能也是最後一次。

一五四七年，當這一切事情發生，蘇格蘭依舊是個天主教國家，由攝政王后吉斯的瑪麗、也就是蘇格蘭人的女王瑪麗的母親統治。她將信奉新教的改革者視為女兒即位的威脅，因此尋求了法國的協助。法國人乘船抵達，結束了聖安德魯斯的圍城。諾克斯遭到逮捕，被判處在法國槳帆船上操槳兩年。

當時的槳帆船長約一百五十英尺、寬三十英尺，雖然配備了船帆，但風力不足時，就需倚靠槳手划船。這種船的兩側各安排六名與船槳鎖銬在一起的槳手，吃喝拉撒睡全在船上完成。諾克斯在槳帆船上待了近兩年才獲釋，但他決定不回到如今已有法國人增援的蘇格蘭。接下來的幾年，他在英格蘭為新教的理想而奮鬥。血腥瑪麗統治期間，蘇格蘭局勢緊迫，他逃到在新教徒控制下的日內瓦。

一五五九年五月，諾克斯回到蘇格蘭，那時新教的理想已經幾乎實現。諾克斯的又一次布道，為奮鬥的最後階段定調。攝政王后為了她的女兒，仍努力使蘇格蘭維持天主教的信仰，正當她設法阻絕新教傳教者的同時，諾克斯來到伯斯（Perth）講道。

對諾克斯來說，天主教教堂裡的肖像和雕塑並非無害的藝術，它們根本就是褻瀆侮辱了上帝，進一步證明天主教已經獻身給了野獸。諾克斯和先知穆罕默德一樣，對偶像非常介意，而且理由也相同。偶像激起了唯一真神的妒忌，祂早在第二誡中就已經予以譴責。諾克斯的布道引發了暴動。暴民毀棄了教堂裡的畫像、破壞祭壇和砸碎塑像，這是一場恣意破壞的開始，讓蘇格蘭在漫長的天主教歷史中所創造的藝術品，幾乎蕩然無存。新教教會在簡單粉刷過的建築中做禮拜，這些地方沒有肖像來分散人們聆聽神的言語的注意力，這些話出自他們唯一信任的來源——《聖經》。

天主教徒與新教徒之間的鬥爭，似乎注定在蘇格蘭持續下去，但後來卻戛然而止。攝政王后去世後，蘇格蘭貴族達成了協議，蘇格蘭將成為諾克斯所冀望的純正新教國家，但他們允許攝政王后的女兒瑪麗回來擔任女王，並保有她的天主教信仰。瑪麗女王可以私下參與彌撒，但在公開場合，則必須以新教國家的形式統治蘇格蘭——這是個政治妥協。此時諾克斯在聖吉爾斯大教堂（St Giles' Cathedral）擔任牧師，距離荷里路德宮（Holyrood Palace）只有半英里，對於信奉天主教的瑪麗回來擔任蘇格蘭女王這件事，他並不高興。這就是在瑪麗回來的那晚，他在窗外大唱聖詩反對她的原因。

但對兩個人而言，事情已成定局。諾克斯繼續傳道，反對蘇格蘭貴族與蘇格蘭人的女王瑪麗所達成的妥協，他擔心瑪麗會偷渡教宗的野獸到蘇格蘭新教所建立的純淨殿堂。瑪麗是從天主教信仰中獲得撫慰的年輕女子，對於這個頻頻對她怒言相向的男人所散發的敵意感到困惑。諾克斯與蘇格蘭人的女王瑪麗之間的遭遇，說明了宗教如何引發原本良善和具有同情心的人之間的衝突。諾克斯絕非一個壞人，他也曾因信仰而受苦，但在他眼中，一切事物非黑即白，沒有灰色地帶，沒有中庸之道。Na middis！

流著皇室血脈的偶然因素，使得因為失落和渴望愛而受傷害的瑪麗，必須對抗著一個宗教，這個宗教嚴厲地批評她，卻從未讓她心悅誠服。在渴望獲得愛護之下，瑪麗做出了糟糕的抉擇。一五六五年，二十二歲的瑪麗嫁給了信奉天主教的表弟達恩利勛爵（Lord Darnley），那是個壞脾氣、不得人心的酒鬼。諾克斯鼓吹反對這門婚事。一五六六年，瑪麗生下達恩利的兒子，讓他成為蘇格蘭的詹姆士六世和英格蘭的詹姆士一世，日後將結合這兩個君主政體。達恩利於一五六七年遭到謀殺。瑪麗的下一任丈夫博思韋爾勛爵（Lord Bothwell）也是個惡棍，先是綁架瑪莉，然後又遺棄了她。這一連串的婚姻災難讓蘇格蘭貴族開始吃不消，瑪麗顯然已經危及了國家的穩定性，最後，瑪麗遭到逮捕，並被迫讓位給她的兒子詹姆士。

瑪麗的悲劇升起最後一幕。她逃往英格蘭，確信她的表親伊莉莎白女王會伸出援手，但她同樣誤判了情勢。對伊莉莎白來說，瑪麗的存在是個威脅。伊莉莎白已經在英格蘭達成一定程度的宗教穩定，因此必須小心地處理宗教改革的政治餘波。她不像她姊姊血腥瑪麗迫害新教徒那樣去迫害天主教徒，但這個平衡岌岌可危，而蘇格蘭人的女王瑪麗可能會危及這個平衡，她可能成為天主教的野心和不滿的聚焦點。伊莉莎白開始擔心，有人會趁機扶植瑪麗坐上英格蘭王座，因為她是貨真價實的女王，而伊莉莎白自己只是安．博林的女兒，有許多人甚至不認為亨利與安．博林的婚姻是有效的。

所以，在接下來的十九年，伊莉莎白將瑪麗軟禁在英格蘭的鄉間別墅。當伊莉莎白聽說瑪麗可能密謀登上英格蘭女王王座，她採取了行動。瑪麗於一五八七年被斬首。行刑時，瑪麗堅持穿著紅衣，代表天主教殉教者的顏色。劊子手砍了好幾斧，才讓她身首分離。當行刑手以慣常的姿勢提起瑪麗的頭顱證明她已死亡，他手裡抓住的是一頂假髮，而瑪麗的頭顱還在籃子裡。

歐洲的宗教戰爭打了幾個世紀之久，天主教徒對抗新教徒，新教徒又對抗其他的新教徒，但有時，在戰爭的迷霧中會出現某個群體，超越了宗教改革所造成的仇恨和政治衝突。其中一個群體獲得一個後來變得有名的綽號「發抖的人」（Quakers）。下一章，我們要看看他們，讓我們渡過大西洋來到美國。

· 32 ·

朋友

不要以為當上帝的聲音在人們心中說話時，必定震懾人心，有如好萊塢史詩電影的場面，例如以色列人的「出埃及記」，或者先知穆罕默德的逃離麥加，又或者像馬丁路德在威登堡抨擊贖罪券的場面。其實有時候，這個聲音傳達出相當自私的命令，還意外被某人惦記著，然而，它卻可能改變歷史。

這就是喬治．福克斯（George Fox）所遭遇的情況，他是宗教史上最具吸引力的人物之一。時值十七世紀的英格蘭，教會和社會上有權有勢的人都喜歡擺架子，熱愛隨著身分而來的頭銜和法衣。他們堅持下等人必須向他們屈膝和脫帽致敬，而他們自封的頭銜，則強調出他們是多麼鶴立雞群。「陛下」、「閣下」、「大人」等稱呼使他們顯得高人一等；相較之下，尋常百姓有如在他們腳下匆忙奔跑的螞蟻。身為基督教徒，這種態度既令人驚訝，同時也有些理所當然。之所以令人驚訝，是因為這種態度違反了耶穌明確的教誨，他曾告訴門徒不可妄自尊大。理所當然，則是因為這便是世道，而宗教通常跟著世道走，無論它包裹著多少件聖袍。

宗教改革在十五和十六世紀席捲歐洲，一開始看似可能挑戰一切妄自尊大，在某種程度上確實如此，但拒絕羅馬獨裁主義的教會，很快便找到辦法來顯示他們的高人一等。有些教派因為這個原因而獲得**「清教徒」**這個綽號，他們相信只有他們才是真正的、純粹潔淨的基督徒。事實上，出於人性虛榮心所創造出來的種種優越感中，宗教優越感是最令人無法忍受的。

那些聲稱在精神或社會地位上高人一等的事物，無法打動福克斯，因為上帝的聲音告訴他，毋需向任何高位者脫帽致敬，或者用特別的頭銜稱呼他們。因此，福克斯對任何人都稱呼為「你」，不分貧富貴賤。由於福克斯不願向他人鞠躬或示弱，結果屢屢被這些他所拒絕承認優越的人關進監獄。某次，他因為傲慢無禮的罪名而被送上了法庭，他當眾宣稱，唯一會讓他當面發抖的權威只有上帝，因此，法官戲謔地稱他為**「發抖的人」**（quaker），不受理案件。原本福克斯的追隨著自稱「公誼會」（Society of Friends），但這位法官的羞辱用語竟然生了根，於是，這群人變成貴格會（Quakers），這個名稱沿用至今。

一六二四年，約翰．福克斯出生於英格蘭的列斯特郡（Leicestershire），父親是織布工，約翰自己則跟著一位鞋匠當學徒。如同先前的許多先知，他在年輕時離家去找尋啟蒙。當時是宗教混亂的時代，心靈市場吵吵嚷嚷，宗教販子大聲推銷自家信仰是如何的獨一無二。雖然他們彼此對抗，但他們有個共通點：每個人都宣稱自己版本的基督教才能連通上帝。這暗示著想找到上帝，你需要一個中間人，一位有權勢的朋友幫你引介。

福克斯在二十四歲獲得天啟，他發現自己一直在浪費時間，找尋某人帶領他通過那道門來到上帝面前。他苦苦地在自身之外找尋，但答案早已存在，上帝比他自己的氣息更靠近他，他不需要透過任何以上帝門房自居的人，也不需要靠老教士或新教士，引領他來到上帝面前。那道門早已開啟，他只需走過去。

人們不需要教堂，或者如福克斯所描述的「尖頂房子」，所有與宗教有關的設施都會令人分心，無論是牧師的黑袍或教士的彩色法衣，或者天主教精心安排的儀式，甚至是新教陰鬱的簡樸風格。人們也不需要相信種種教義或一連串相關的啟示，當然，人們也不需要宗教警察隊來執行這些規定！人們只需安靜坐在一起，等候聖靈在他們心中說話，上帝的光芒已經在他們每個人的體內燃燒。

這一切主張已經夠有革命性，倘若流行起來，勢必會消滅那些有組織的宗教。但這還不是全部。他們令人吃驚地主張人人都一樣有價值，不分男女、奴隸或自由人！當時，教會和國家都還沒準備好接受接受福克斯的天啟，不過他那些「發抖的朋友」早已開始在生活中實踐，因而付出慘重的代價。這些人中，許多人因為信仰而坐牢，甚至死在獄中，但他們不屈不撓，努力改善窮人的生活。在情勢嚴酷的時代，他們為了改善囚犯和精神病患的待遇而積極奔走。但對歷史造成最深刻影響的，是他們反對奴隸制度；而這種制度起源於美國。

到了十七世紀初期，北美洲已經成為那些逃離歐洲迫害和找尋應許之地的宗教團體的避難處。歐洲人開始大舉入侵新世界，而英格蘭貴格會是最早到達的團體之一。當中最著名的人物是威廉．佩恩（William Penn），他在一六八二年建立了一個殖民地，稱作賓夕法尼亞（Pennsylvania）。

但歐洲移民帶進北美洲的東西可不光是基督教，他們還隨身帶來了人類最大的邪惡之一，也就是奴隸制度。那是古老且普遍存在的殘酷事物，但歐洲人在南、北美洲的殖民活動，卻給了奴隸制度新的推動力。殖民地開墾者為了耕作所獲得的土地，需要能像牲畜一樣被驅使的勞工來付出血汗。奴隸是問題的解決之道，而且來源充沛。

在所謂的中途航道（Middle Passage）上，絡繹不絕的船隻從非洲西海岸帶來了無數的奴隸，他們被送到西印度群島的甘蔗田和美國南部各州的種植園辛苦工作。數不清的非洲俘虜被銬在一起，關在不通風的監牢，在渡越大西洋的過程中不幸死亡。如果天候過於惡劣，船長可能為了減輕裝載量，而將戴著鐐銬的奴隸直接扔下海。

讓奴隸被溺死，總好過讓船隻的安全受到威脅，當然這是最後的手段，因為奴隸是有價值的商品，將他們運送到加勒比海或南、北卡羅來納州，能夠交換如糖和棉花等其他的商品。到了十八世紀，英國主導著這門生意，身為基督徒的蘇格蘭和英格蘭奴隸主因此賺進了鉅富，等到他們終於返鄉過起健忘的退休生活，他們大肆興建宏偉的豪宅來度過優渥的晚年。如今，我們還可以見到許多這類華廈美寓，繼續為英國的鄉間風景增光。這些基督徒是如何替自己參與如此邪惡的事情，找到開脫的正當理由？

如同先前所見，奴隸制度在《聖經》中被視為理所當然，彷彿事情本就是如此。這並不符合耶穌所傳揚的福音，但第一代的基督教對此有正當的理由不作為，因為他們認為，這個世界和它的組織方式已經來日無多，耶穌很快會回來開創上帝的王國，屆時人間就會和天國一樣。其間，基督徒應該過著潔淨的生活，準備迎接末日的來臨，讓世界一如既往地運作下去。先前提到保羅將奴隸阿尼西謀送回他的主人腓利門那裡，並請求腓利門善待阿尼西謀，因為阿尼西謀已經是耶穌的信徒。但保羅絲毫沒有示意腓利門應該放這個奴隸自由。因為，如果世界終將結束，這麼做又有什麼意義？

到了一六八八年，基督徒總該想到耶穌一直沒有歸來，看樣子也不會很快歸來，所以，顯然該是動手處理世間邪惡事物的時候了，而不是等著上帝在末日時收拾它們。只不過，就奴隸制度而言，當中存在著一個問題。《聖經》中記錄了上帝告訴摩西的話：

你若買希伯來人做奴隸，他必服侍你六年，第七年他可以自由，不花代價的出去。他若孤身來，就可以孤身離去。他若有妻，他的妻就可以同他出去。他主人若給他妻子，妻子給他生了兒子或女兒，妻子和兒女要歸主人，他要獨自出去。

而保羅在寫給以弗所教會的信件中，則建議基督徒奴隸要順從他們在塵世的主人，「如同順從耶穌本人」。

事情說得夠清楚了。但是，誰來挑戰這件事？話說在一六八八年，賓夕法尼亞貴格會真的對此提出了質疑，而且他們的做法對於基督教徒將來如何解讀《聖經》，產生了革命性的影響。貴格會相信內在之光——或稱良知——的權威。憑藉這道指引他們的光，他們知道奴隸制度是件完全錯誤的事。如果人人都具備同等的價值，那麼將某些人視為財產而非上帝的子女，這件事就是不對的。如果《聖經》別有說法，**那麼便是《聖經》錯了！**

貴格會不只抗議《聖經》，為奴隸制度辯解，還盡其所能地企圖推翻奴隸制度。他們在賓夕法尼亞終結了奴隸制度，並成立「地下鐵路」（Underground Railroad）這個組織，協助南方來的逃奴在美國北方或加拿大重獲自由。貴格會對於所謂的基督教社會竟然存在著奴隸制度這件事憤慨不已，然而，這個世界過了很久，才跟上他們的腳步。直到一八三三年，奴隸制度才在大英帝國被宣布為不合法。又過了三十年，南北戰爭結束後，美國才廢止奴隸制度。

但貴格會的貢獻不僅止於終結了奴隸制度，他們也終結了解讀《聖經》的幼稚方式。他們堅持服膺良知，從而讓大眾有可能像研讀其他書籍那樣地研讀《聖經》，而非把它當成不可批評的偶像。他們知道正確的事和《聖經》聲稱正確的事，這兩者之間的差別。由於他們相信，是上帝提醒他們注意到這個差別，因此上帝對於《聖經》，自然也有所保留！如果《聖經》在奴隸制度這件事上是錯的，那麼它在「六日創世論」（Six Day Creation）不也有可能出錯嗎？或許我們需要更聰明地加以詮釋和理解《聖經》；不要害怕堅持良知，去反對《聖經》中的某些看法。

貴格會用這些方式推動了現今所稱「聖典的歷史批判研究」。這種研究方法不必然排除了上帝對《聖經》的影響，但它確實設法區分了人的成分和神的成分。奴隸制度是人類的發明，而愛鄰如己則出於神的命令。這值得我們好好思考！公誼會即便是世界上最小的教派之一，影響力卻十分巨大。它維護了基督教的良知，並將具有挑戰性的新版基督教帶進美國。但在基督教抵達之前，美洲已經擁有自己的靈性傳統。

· 33 ·

美國製造

哥倫布於一四九二年「發現」了美洲，這表示在他發現之前，無人知道美洲的存在。歐洲人確實不知道美洲在哪，當哥倫布從事他那史上著名的航行，原本是為了嘗試找到前往印度的通道。歷經繞過非洲南端的漫長航程，他知道印度位於歐洲的東方，但他希望如果向西航行得夠遠，能從另一個比較容易的方向抵達印度。在哥倫布登陸新世界時，他以為自己到達了印度，因此稱當地居民為「印度人」，這個標籤此後再也撕不下來。

被「發現」對於美國原住民（印第安人，亦即已經住在那裡的「印度人」）來說，是一場災難。接下來的四百多年，白人殖民者接管了他們的國家，並帶進了許多不同派別的基督教。宗教懷有許多目的，有些良善，有些則殘酷。為了取代其他種族、並將他們驅離家鄉的行徑提供正當的理由，可以說是宗教最殘酷的目的。例如征服巴勒斯坦應許之地的以色列子孫，以及橫貫北美洲向西擴張的拓荒者，這些人都相信，那是出於上帝的指示而注定要做的事。隨著他們西進的新教，是一種無情的宗教，這個宗教將它的性格烙印於美國本身，創造出一個由欲望驅使的文化。這個文化永遠感到不滿足，並且不停強取豪奪，因為總是有新的邊疆等待被征服。

但這些入侵者橫行的土地，並非宗教的真空地帶，生活在那裡的原住民一直擁有自己的靈性傳統，這些傳統與生氣勃勃攻擊他們的新教，可說南轅北轍。美國原住民習慣順應自然，而非對抗自然，他們與供養他們的土地有著某種神聖的連結。他們相信「大靈」（Great Spirit）——他們用來指稱上帝的用語——賦予萬物生命，這點對於生活在廣袤土地的騎馬民族而言，尤其顯得真確。

這片位於大陸中央的區域稱作「大平原」，長達三千英里，寬七百英里，面積遠超過一百萬平方英里，從北部的加拿大綿延到南部的墨西哥。平原上漫遊著野牛群，幾乎供應著與牠們分享這片遼闊空間的人類一切所需。他們是遊牧民族，視野牛為某種與他們交融的關係。他們輕鬆愜意地生活，沒有想去定義或控制大靈的欲望，只領略它的神秘，並體驗它所提供的狂喜。他們的先知會進行靈視探索，利用藥物和自我傷害的儀式接觸它的力量，然後回到族人身邊，透過舞蹈和吟誦複述與大靈交融的遭遇。

但若將此視為一種「宗教」，將此當成與他們生活的其他部分分離、而放置於名為「信仰」的框架，則是錯誤的想法，因為他們不曾認知那種意義上的宗教。印第安人覺得自己被含括在一團活生生的神秘之中，這個神秘事物包含了土地和野牛以及吹動高原草地的風，但是它既脆弱且難以捉摸，而且無法讓他們倖免於殖民者的入侵和屠殺計畫。他們不像清教徒，後者在英格蘭因其信仰而遭受迫害，但還得帶著信仰渡越大西洋。當平原印第安人被驅離了自己的土地，並且眼見野牛被獵殺到滅絕，他們失去了一切。

他們的悲劇引爆了一種天啟式的熱情，讓人想起來就心痛。天啟運動總是在被壓迫者之間醞釀著，他們無法相信上帝會繼續坐視他們的受苦不管，他們夢想著已經在進行中的復原之夢。一八八九年，有一個運動在無依無靠的平原印第安人之間爆發，稱作「鬼舞」（Ghost Dancing）。宣告這個運動的先知告訴他們，如果他們舞跳得足夠久、跳得足夠賣力，那麼所有白人都會被埋葬在厚厚的一層新土之下。一切都會消失！入侵者會被抹除。然後成群的野馬和野牛會回到平原，再度漫遊於颯颯作響的草地間。此外，曾經存在的所有印第安人都將復活，一起在樂園中生活。

請注意，這個樂園是什麼？那不是他們難以想像的歡樂天堂，而是尚未遭受白人破壞之前的昔日生活。因此，印第安人跳起舞來，然而樂園並沒有降臨。於是他們越跳越賣力，有些人甚至跳到喪命。但是，大地沒有撲滅白人，或者埋葬掉他們使出那些殘酷手段；野馬沒有從牠們鐘愛的丘頂上奔馳而過，鬃毛在陽光下閃閃發亮；野牛沒有從北方發出轟隆聲響，呼喚他們參與追逐的刺激和交融。諷刺的是，由於近來的保育政策盛行，野牛現在回到了大平原，但印第安人卻永遠消失了。

像鬼舞這樣的天啟運動，是一種渴望苦難結束的呼籲，而即便那是個從未到來的美好境地，也扼止不了這個渴望。我們在美國另一個被迫害的種族——非裔美國人——的宗教中，也發現了這種渴望。他們從家鄉被擄走，並且漂洋過海、千里迢迢被運送到他鄉，只為滿足他們奴隸主的需求。宗教史的諷刺之一是，這些奴隸從主人那裡吸收到的基督教信仰，比起他們的主人所可能瞭解的，更加忠於原本的基督教。

猶太教一開始就是奴隸的宗教。那個從燃燒的灌木叢向摩西說話的聲音，要求著摩西將祂的子女從埃及解放出來，帶領他們前往應許之地。一個奴隸主如何能對此產生同理？但想像一下，如果你是個首度聽到這個故事的奴隸，你根本就是在聽自己的故事！這個故事跟你有關！你理解它的方式，是那個用鞭子拼命在你背上抽打的工頭絕不可能瞭解的，無論星期日他在他的白人教堂唱了多少讚美詩。猶太教曾經是一群渴望從奴隸身分被解放的人所遵循的信仰，這個道理對於非裔美國奴隸來說也是如此，他們將它變成自己的信仰，唱出與之產生關聯的歌曲。

去吧，摩西，
到埃及去，
告訴法老王，
放我的子民離去。

基督教一開始也是一種解放運動。耶穌是上帝的代理人，要將一個前所未見的王國帶到人間。這個王國將使強大的世間權利者跌落寶座，並頌揚那些謙遜溫順的人。它將以正義之道取代壓迫之道，它將療癒生病的人，並且解放被俘虜的人，而且它將由一位彌賽亞帶到人間，這位彌賽亞將在揹負十字架前往受難地時，遭受鞭笞和辱罵。

聽聽這些說法，那些奴隸如何能不將這些話語聽成正在描述他們自身的處境？他們的主人即使擁有記載這些話語的經典，但那些奴隸，才是擁有話語意義的人。基督教是為了奴隸而設立的宗教！因此奴隸主如何能瞭解箇中的真義，更別說去實踐了，在他們享有特權的生活中，他們每天都在否認它，但奴隸們卻每天都在實踐它！他們知道這是他們的宗教！他們或許不懂《聖經》，但他們知道如何踐行《聖經》。它對解放的渴望，正是他們的渴望。

後來他們運用《聖經》的方式開始發生了某種變化。《聖經》無疑唱出他們對自由的渴望，呼應了他們對於尚未擁有、而且可能永遠無法擁有的渴望。他們將它運用在禮拜中，以在囚禁他們的體制之中獲得自由。他們的傳道者不只談論《聖經》的故事，還使這些故事真實得令人**身歷其境**，使聆聽者進入故事中去體驗。如此一來，他們發明了美國最偉大的藝術形式，利用音樂旋律，使得唱出口的痛苦變得無足輕重——在星期天的傍晚，南方種植園的棚屋中，只要有一兩個小時就夠了，他們從鞭打和辱罵中逃脫出來，進入到一種極樂狀態。

偷跑，偷跑，偷跑到耶穌那裡！
偷跑，偷跑回家。
我在這裡不會待上太久。

這些歌曲展現了宗教的另一個功能：宗教能夠撫慰那些承受著悲痛的人。十九世紀的哲學家馬克思是最傑出的宗教批評家之一，他贊同宗教的這個層面。馬克思希望能消除世界上的不公不義，因為就是這些不公不義，才造成了需要宗教來加以撫慰的痛苦。他描述宗教是一種「人類鴉片」，是一種麻醉劑。

但是，有時候我們的確需要麻醉劑。如果你必須動手術，在外科醫師將你開膛剖肚前，你會欣然接受麻醉醫師讓你好好睡一覺。宗教可以作為一種減輕人生痛苦的藥物，唯有胸襟狹窄的人，才無法同理以這種方式緩解悲痛的人。唯有鐵石心腸的人，才會在看見奴隸們聚在一起、靠著耶穌答應帶他們回家的承諾來找尋慰藉的心情，仍然無動於中。

但這不是非裔美國人運用猶太教或基督教及其故事的唯一方式。他們利用宗教進行與政治更直接相關的事。他們利用宗教訊息來從事各種運動，以對抗二十世紀美國的種族主義和不公義。對他們而言，美國依舊是埃及的國土，而他們仍然被奴役。他們的「新摩西」是馬丁・路德・金恩（Martin Luther King）牧師，他再度請求法老王放他的子民自由。

一九二九年，金恩出生於美國喬治亞州的亞特蘭大（Atlanta），那是美國南方實行種族隔離州的心臟地帶。一九五四年，他成為阿拉巴馬州蒙哥馬利（Montgomery）的浸信會牧師，他從這裡展開了為非裔美國人爭取完整公民權的運動。一九六八年，在金恩遭到暗殺前夕，他自詡為已經看見應許之地的摩西，但他尚未進入應許之地，就去世了。對金恩而言，當奴隸制度在一八六五年廢除時，非裔美國人已經逃離了埃及，但一百多年來，他們仍然遠離人人完全平等的應許之地。在金恩死後半個多世紀，他們依舊尚未到達目的地。

如同我們在本書中屢屢發現到的，宗教縱或是從神秘經驗開始發展，但它總會通往政治。宗教起始於先知所聽到的聲音，他們是被宗教選上的工具。而且，他們聽見的東西多半導致足以影響人類生活方式的行動——透過政治。政治有時是壞事，人們會因為信奉錯誤的信仰或聆聽錯誤的聲音而被處決，或者會被迫接受最新、最熱門的先知訊息。宗教史因此變成在研究不同形式的歷史壓迫。

但是，有時政治是好事，它涉及了解放，而非壓迫。我們從一六八八年賓州貴格會反對奴隸的立場，看到了好的政治影響力。而在現今的非裔美國教會，基督教的政治依舊關係到解放的議題，摩西的策略和耶穌的承諾被用來讓世界變得更美好。如今，宗教不再被當作一種鴉片劑，用來緩和不公義和不平等的痛苦，而是被當作克服這種痛苦的興奮劑。這是許多人繼續留在宗教遊戲中的原因。

而且，這是美國人喜歡的遊戲。在十九和二十世紀，美國出現了若干新的宗教。接下來幾章，我們要看看其中的幾種。

· 34 ·

在美國出生

我住在愛丁堡，我喜歡散步。我喜歡前往城外的山丘健行，但如果沒有時間，我便在住家附近的街道散散步。每個月有好幾次，我會被一些年輕男子攔下來，他們總是成對行動，永遠穿著一身帥氣的西裝、襯衫和領帶，而且彬彬有禮。他們的說話腔調一定是美國腔，也總是問我相同的問題：你想不想認識耶穌基督？你想不想知道更多關於《聖經》的事？我通常會溫和地拒絕。但我知道當我在附近散步，我會一再被攀談。我並不生氣，因為我知道他們來到蘇格蘭是當傳教士，也知道他們想要拯救我。

他們對我一無所知，但我卻對他們知之甚詳。我知道他們是耶穌基督後期聖徒教會的摩門教徒。我知道他們的根據地在美國西部的猶他州鹽湖城，我也知道這個教會的每位男性成員都必須花兩年時間在國內或國外從事傳教工作。正因如此，我對於那些想讓我皈依的年輕人非常客氣，畢竟他們遠離家鄉，在寒冷的天氣裡、在他們一無所知的國度工作，設法說服我耶穌將會歸來。當然，我聽過這個說法，但不像他們所說的那樣。他們告訴我當耶穌回來時，他不會前往耶路撒冷，而是會到美國。而且，那不是他第一次到美國，他以前就曾經去過。

他們如何得知此事？他們從哪裡獲知這個訊息？他們獲知此事的方式跟所有宗教概念問世的方式一樣，也就是來自所謂看見異象和聽聞異聲的先知。先知將透露給他們的天啟記錄下來，並且說服大眾相信。這位先知是名叫約瑟·斯密（Joseph Smith）的美國人，他在一八〇五年出生在美國佛蒙特州雪倫（Sharon）的一個平凡農夫家庭，這家人後來遷徙到紐約上州。斯密從小就對於鎮上新教教會之間的分裂和競爭感到苦惱，他該如何做出選擇？

如同在他之前的許多先知，斯密獨自進行祈禱，以冥想思索問題。在祈禱時，他看見了異象，有一位天使叫他遠離當地的教堂，因為它們已經背離了耶穌的願景。自從耶穌的首批使徒過世後，基督教已經墮落並且迷失了方向，但如今基督教即將復原，而斯密會促成此事。他應該做好準備，待時機成熟，他將使基督教會恢復到最初的純淨和正途。

斯密因此執著地等待著。在他二十五歲時，起了決定性作用的天啟降臨，一位天使告訴他古代美洲先知們所寫的作品集。約在四世紀，有一本書被刻寫在金頁片上，由一個名叫摩門（Mormon）的人將書埋在紐約州巴美拉（Palmyra）的某座山裡，這本書的內容可追溯到基督降生之前的好幾個世紀。書中說到尼腓人（Nephites）和來自中東的部族的故事，他們在古代已逃至美洲。將這些知識告知斯密的天使名叫摩羅乃（Moroni），後來斯密發現，向他透露這本書的摩羅乃，正是書中的要角。在作戰中陣亡的摩羅乃如今已經復活，並且晉升為天使，而他身為天使的任務，便是提醒斯密《摩門經》（*Book of Mormon*）金頁片的存在。

據稱斯密在四年後挖掘出了金頁片，著手翻譯成英語。幾個月後，他出版了超過五百頁的《摩門經》。這本書據說是在三一一至三八五年之間編纂而成，但讀起來像是一千兩百年後受到新教教會喜愛的一六一一年欽定版聖經，欽定版聖經必定也是斯密所熟悉的書。以下出自《摩門經》的內容可見一斑：

> 父說，因為事情是這樣：到那日，凡不悔改、不歸向我愛子的，我必將他們從我人民家族中剪除。我必報復，並向他們發盛怒，就像對待異教從那樣；那樣的報復和盛怒是他們從未聽過的。

《摩門經》屬於宣告耶穌基督回歸以及他統治之下一切景況的天啟文本，這個天啟的差別在於新的錫安山（Zion）將在美國建立。這個地點無足為奇，只要我們從《摩門經》中知道上帝已經改變了計畫，將天堂從中東移往了美國西部。而且為了確認美國作為新的聖地，耶穌曾於西元三四年親自造訪美洲，就在他復活的幾個月之後。《摩門經》告訴我們，「群眾聚集在滿地富時，基督親自向尼腓人顯現，教導他們……」這是一個強而有力的證據，全世界必須知道這個消息。

因此約瑟・斯密於一八三〇年四月六日在紐約州的法葉特（Fayette）開始傳播他的福音。斯密視他的運動為一種新教會的成立，同時目的也是為了淨化舊教會。第一代基督教自稱「聖徒」，他的成員也是聖徒——現今的聖徒。「耶穌基督後期的聖徒教會」因此誕生，而《摩門經》則成為它的聖經。

歷史教訓告訴我們，發起一個新的宗教運動，不利於健康。人們不喜歡聽到別人指責自己的宗教是錯誤的。耶穌本人還說過，「先知不會不受到敬重，除了在自己人當中。」的確，我們很難相信我們認識了一輩子的某人，竟然受了上帝的召喚而成為先知！在這個通例中，斯密也無法例外。他以為他是誰呀？其他教派的領導者被他所宣稱的事情給激怒了。斯密和他的信徒就這樣進了監牢，逐城被追捕。但天啟不停出現，摩門教徒的聖典數量越來越多。在基督教徒看來，毀掉斯密的，是性這件事。聲稱天使向你透露一本新的聖經是一回事，但說他叫你強佔別人的老婆，又是另一回事。

斯密的天使告訴他，耶穌基督後期聖徒教會復原了古代以色列的純正信仰。由於亞伯拉罕和其他族長都娶了許多個妻子，因此他必須效法他們，恢復《聖經》中允許男人同時有好幾個妻子的慣例。斯密遵循這個前例，娶了多達四十位妻子，其中一些早已是教會裡其他男人的老婆。

在反對斯密的人眼中，這是壓垮斯密的最後一根稻草。為了躲避在東部遭受到的迫害，斯密和他的教眾遷往伊利諾州和俄亥俄州，並在俄亥俄州建立了第一間摩門聖殿。不過，斯密還是難以擺脫追捕他的人，於是又繼續遷移。一八四四年，在伊利諾州的迦太基（Carthage），就在斯密頻繁入獄的某次關押期間，他和哥哥海侖（Hyrum Smith）遭到謀殺。但是，這絕非是他所創立的教會的終結——殉教者的鮮血一向是教會的種子。一八四七年，摩門教徒推選楊百翰（Brigham Young）作為他們的新領袖。如果說斯密是摩門教的先知，那麼楊百翰便是鞏固摩門教的人，他建立了使摩門教長治久安的制度。

一八〇一年，楊百翰出生於美國佛蒙特州，在家中十一個兄弟姊妹中排行老九，他是那種什麼事都能幹得有色有聲的務實者。一八三二年，楊百翰受洗進入「耶穌基督後期聖徒教會」，在處理這場新運動時發揮了傑出的才能。在復原教會的工作上，斯密建立了負責管理的十二使徒團隊，而楊百翰於一八三五年被任命為使徒。斯密很賞識楊百翰的能力，讓他負責教會的營運。關於摩門教，有一件趣事是，打從一開始，它便以腳踏實地的方法來管理世俗事務。

如何確保教會的安全，是楊百翰在斯密遇刺後接手教務所面臨的挑戰。他的解決之道是將教會往西部移動，來到當時在墨西哥控制下的猶他州。猶他州可做為摩門教徒的應許之地，但當時它已經被猶特族（Ute）印第安人佔據。首先，這對斯密而言不成問題，因為《摩門經》告訴他，印第安人是早於耶穌數百年前就來到美洲的以色列人的子孫，因此，猶特族人是耶穌基督在復活之後去拜訪過的那些人的後裔。這表示摩門教徒對於他們所遇見的印第安人並不該有敵意，而他們也不同於那些入侵美國西部的移民。這些印第安人早已聽聞摩門教的宗教故事，而摩門教徒打算讓印地安人皈依，完成耶穌在一千八百年前即已展開的使命。

於是，楊百翰率領數以千計的摩門教徒開著篷車隊，遷徙到他們的新錫安山，渴望見到這些古代的以色列人。不過，楊百翰不久便發現，他們想從猶特族人那裡獲得的東西，與猶特族人自己想要的東西，顯然沒有共通之處。結果，這場相會成了另一次對美國原住民造成災難的遭遇。楊百翰承認他所稱「文明習慣」跟猶特族的生活方式並不相容，而文明習慣必須勝出，於是猶特族被趕進了保留區，而猶他州成為摩門教的聖地。

當美國結束與墨西哥的戰爭而接管了猶他州，楊百翰成為第一任州長。「耶穌基督後期聖徒教會」終於有了自己的故鄉，但這是有代價的。如同在他之前的斯密，楊百翰也是一個一夫多妻論者，他娶了二十個妻子，擁有四十七名子女。如果他想讓猶他州的摩門教徒順利奉行他們的宗教，那麼他們必須向反對一夫多妻制的聯邦政府妥協。他們雖然放棄了一夫多妻制，但一夫多妻制的誘惑未曾消失。在摩門教的歷史中，總有人試圖恢復斯密最初願景中的教會生活。雖然他們通常遭遇失敗，但也得到了安慰獎——一夫多妻制現在依舊在天堂中實施，如果摩門教的男人在塵世間死了老婆，他會再娶，那麼在來世，他就會有兩個妻子。

「耶穌基督後期聖徒教會」有一個多采多姿的開始，不過他們現在是一個嚴肅的團體。摩門教徒不抽菸草，也不使用使任何種類的毒品。他們不喝酒、茶或咖啡，也不准在身上刺青和穿洞。他們不賭博，在婚前不能發生性行為。他們重視家庭生活，婚後會生育許多子女。他們工作勤奮，許多人因此變得相當富有。還有，他們的年輕男性在一生中，必須貢獻兩年時間在美國本土或海外國家從事傳教的任務。你有可能在你家附近的街上遇見他們。

· 35 ·

大失所望

約瑟・斯密不是十九世紀紐約州唯一的先知，而「耶穌基督後期聖徒教會」也不是紐約州唯一出現的新宗教。到處都有令人興奮的事發生，然而熱中此道者，不盡然望著相同的方向。約瑟・斯密挖掘出一個新版本的過去，但有些人則選擇看向前方，他們對回顧過去不感興趣，而專注於未來。因為《聖經》中關於基督回歸的一切承諾即將實現！他很快就會歸來！

最確定此事的人，是下漢普敦（Low Hampton）的威廉・米勒（William Miller）。米勒一讀《聖經》便欲罷不能，他著迷於《舊約聖經》和《新約聖經》中預言耶穌回來審判生者與死者的那個部分。他相信只要正確解讀，《聖經》的內容包含了可以讓他知道基督復臨確切日期的密碼。我們已經知道，如果你想玩這種遊戲，可以去讀一讀《但以理書》，而米勒正是從這裡發現他在找尋的線索。

《但以理書》第八章中，先知但以理寫道：「到二千三百日，聖所必潔淨。」米勒確信那就是他在找尋的密碼，它代表兩千三百年！往前一數，他推算出一八四四年三月二十一日是基督歸來的日子。他已經做好了準備，但事情並沒有發生。他認為他的計算必定有些誤差，於是重新又計算了一次，這回他推算出的日期是同年的十月二十二日。當然，那天到來又結束，同樣沒有發生任何事。對米勒和他的追隨者而言，他的失敗被稱作「大失所望」（Great Disappointment），米勒明智地退出這個預言遊戲。

其他人繼續預言，他們在一八六〇年成立了一個擁有自己先知的新教派，自稱「基督復臨安息日會」（Seventh Day Adventists），這個名稱的由來，是因為他們依舊相信耶穌很快會回來，儘管無法確定日期。而使用「第七日」，則因為他們以星期六（而非星期天）作為安息日。他們責怪天主教會將安息日從一週的最後一天，變成一週的第一天。但是，改變安息日，只是他們對羅馬教會最輕微的指控，他們贊同蘇格蘭改革者諾克斯的看法，認為羅馬教會根本是個反基督的教會。

「基督復臨安息日會」的先知是艾倫．懷特（Ellen White）她於一八二七年出生，一九一五年去世，她遺留下來的著作對於基督復臨安息日會有著聖經般的權威。如同許多宗派，這個教派遵守嚴格的道德規範，包括素食主義和禁止抽菸、喝酒、跳舞和大多數的娛樂形式。他們相信三位一體和基督的神性，並期待基督再度光榮地回來掌權。但關於死後發生的事，他們的看法屬於非正統派。

正統基督教教義認為，在審判日那天，人們會被分成兩群，一群人會因為他們的邪惡而永遠待在地獄，而義人將在永遠在天堂享福。艾倫．懷特駁斥了這種教義，她寫道：

邪惡的死者得在燒個沒完沒了的地獄接受硫磺火的折磨，只為了曾在短暫的塵世間所犯下的罪，但他們受苦的時間，卻和上帝的生命一樣長久，這樣的教義與愛和慈悲互相矛盾，甚至牴觸我們的正義感。

懷特說，上帝不會讓罪人接受永恆的折磨，而是將他們放逐到永恆的遺忘中。這種毀滅性和非永久的極度痛苦，才是罪人的命運：「不再有迷途的靈魂來褻瀆上帝，在永不結束的折磨中痛苦扭動著，因為地獄裡不會有悲慘的生命，用他們的吶喊聲與被拯救者的歌聲相混在一起。」

懷特的「廢除地獄說」被另一個十九世紀的美國人採納，他一直在期盼世界末日的到來。查爾斯・泰茲・羅素（Charles Taze Russell）是匹茲堡的一名商人，他受到米勒的預言影響。和米勒不同的是，當基督復臨沒有發生，羅素不認為那是失敗或令人失望的結果，他認為基督確實回來了，只是將行蹤隱藏在看不見的斗篷後面，從而解決這個問題。因此，他認為「末後的日子」和「時間終結」的階段早已展開，將於一九一四年在哈米吉多頓（Armageddon，譯注：《新約聖經》所言審判日之前善惡決戰的戰場）的最後一役中達到高潮。

如同蘇格蘭的改革者諾克斯，羅素將《舊約聖經》的先知但以理和《新約聖經》的先知約翰合併在一起。在羅馬皇帝圖密善迫害基督教會的期間，先知約翰曾被放逐到拔摩島（Patmos），他所寫的《啟示錄》是這樣開場的：「耶穌基督的啟示，就是神賜予他、讓他指示奴僕們那些必須盡快發生的事……」約翰告訴我們，他在主日那天陷入了恍惚，突然聽見一個聲音說道：「看哪，我要來臨，就像賊來臨。那警醒的人是蒙福的。」那個聲音宣布最後一役將在希伯來語稱為「哈米吉多頓」的地方開打。哈米吉多頓位於耶路撒冷以北的一片原野，是以色列歷史中幾次戰役的戰場。

那是羅素需要知道的一切。一八七九年，他為那些密切注意基督復臨和隨後到來的哈米吉多頓大戰的人，展開了一個名叫「瞭望臺」的運動。他們盡力警告人們即將發生的事，儘管只有十四萬四千人會得救，而其他如艾倫．懷特等人，都注定被毀滅。羅素向基督復臨論者取經，不過他有所選擇。他樂於擺脫地獄，但他想除掉的東西可不只地獄，他認為三位一體的概念也必須去除，上帝或耶和華，無論祂偏好哪一種稱呼，一位就足夠了。

在第一次世界大戰開始時，某種形式的哈米吉多頓大戰確實降臨了歐洲，但那並非羅素所期待的樣子。他在一九一六年去世之前，仍在等待真正的哈米吉多頓大戰。接替他成為瞭望臺領導者的是另一位強硬的商人，名為約瑟．盧瑟福（Joseph R. Rutherford）。他很快將羅素的追隨者組織起來，以從事一項漫長的運動。一九三一年，他將組織的名稱改為「耶和華見證人」（Jehovah's Witnesses），並且實施嚴格的教規，將教眾與周遭社會隔絕起來，使信眾遠離外界，而轉向內省和關注自我。

不搭理現代社會及其一切價值觀，包括它所提供的醫療方式，是需要勇氣的一件事。「耶和華見證人」不接受輸血，因為血液對他們而言等同於生命，是唯有上帝才能給予的東西。因此，他們有時會因為拒絕輸血給子女而受到迫害。他們以這種方式對抗全世界，也賦予這個團體強烈的身分認同感，一旦這個團體遭受到迫害，反而能強化教徒奉獻的決心，讓他們更脫離不了團體，即便有人已經改變了信念和看法。

盧瑟福於一九四二年去世。哈米吉多頓依舊未降臨，但當時正在肆虐的第二次世界大戰是一個絕佳的仿造品。耶和華見證人再一次承受了失望，新的領導者勸告他們必須堅定立場：耶穌一定會歸來，所以要繼續等待。如同摩門教徒，耶和華見證人熱中於挨家挨戶的傳教活動，他們不停奉勸大眾皈依。他們做禮拜的場所稱作「王國會堂」（Kingdom Hall），他們還在全世界販售《瞭望臺》（*The Watchtower*）雜誌。他們至今依舊在守望，查看地平線，找尋那個會在夜裡像小偷一樣溜進來的彌賽亞。

像「基督復臨安息日會」和「耶和華見證人」這樣的教派，提醒了我們《聖經》最尷尬的窘態：經過兩千年的等待又等待，耶穌仍然沒有歸來。開明的基督徒選擇以微妙的方式處理這個問題。他們不相信基督復臨。他們如何能信？但這件事鐵錚錚記載在《聖經》中，在教義裡被詳述。而聖誕節前的那個月——將臨期（Advent）——是要讓人思考聖誕節的意義。

他們的處理方式，是宣稱神的國度早已經存在了！而基督教徒必須找尋存在的證據，好比說，這類證據會顯現在窮人得到幫助，以及不公義遭到挑戰等情況之下，以及好人努力讓世界變得更好，讓世界成為一個更像耶穌所描述的王國的地方。而且，這種方式獲得了耶穌話語的佐證，這些話語出自一本沒有被列入《新約聖經》的書《多瑪福音》（*Gospel of Thomas*），此書包含了真正出自耶穌之口的話。在《多瑪福音》中，門徒問耶穌：「王國何時降臨？」耶穌回答，「不是光憑等待就會降臨，王國也不是在這裡或在那裡的問題。天父的王國如今遍布於世間，只不過人們視而不見。」

不過，真正相信基督復臨的人，認為這種說法站不住腳，他們想要更具說服力的東西，他們想要哈米吉多頓，而這是美國的基督教善於提供的。或許因為美國人認為自己是神選之國，而他們是由上帝決定命運的優秀民族。無論我們如何替它解釋，美國基督教的歷史中，一向不乏期待世界末日和基督歸來的教派，現在依然如此。新的先知頻頻出現，宣告末日在即，而且，他們找到新的方法來傳達訊息。其中最成功的先知，是利用小說這種創作來傳遞話語，也就是，將訊息放在當地超市可隨手拾起的一系列小說中。

美國福音派牧師黎曦庭（Tim LaHaye）被視為近四十年來最具影響力的美國基督徒，他的貢獻是賦予基督復臨新的激情。他的「末日迷蹤」（'Left Behind'）系列包含了十六本小說，這些故事將場景設在當代，而非古代的以色列。故事發生於現今動亂和暴力的世界，稱作「狂喜」（Rapture）的事物已然發生，末日已經降臨。自打末日開始的那一刻，真正的信徒被接送到天國，如果當時他們正在開車或開飛機，就會直接從座位上被攫走，立即轉變成永生的狀態，只留下他們的車輛和飛機在壯觀場面中爆炸或墜毀。緊接著，被「留下來」的世界陷入一團混亂，人們開始疾呼要有一個領導人出面，拯救他們脫離這種恐怖的局面。

結果，人們推選聯合國祕書長為領袖，因為他看起來像是那種可以為地球帶來秩序的人。但沒想到他是《聖經》中預言的反基督者，存心讓世人偏離正道的大騙子——正是那野獸！在宗教改革時期，那個人是教宗，但現今美國福音派教徒痛恨的對象不再是教宗，而是聯合國。在這些小說中，有一名飛機駕駛和他的朋友很快便明白發生了什麼事，他們對這個新的反基督者展開了反擊，以拯救迷失者，並讓他們為「末後日子」的序幕「大災難」做好準備。這些小說至今銷售超過六千五百萬冊。在美國，末日宗教仍大有用處。

但是，那並非過去幾百年來唯一在美國發展的宗教類型。

· 36 ·

神秘主義者和電影明星

宗教研究者會將「教會」和「教派」做出區分，而教會比教派來得更加複雜。教會涵蓋了多種看法，並設法保持這些看法之間的平衡；教派則專注於宗教的某個層面，並使之成為他們主要關心的事物。

在上一章，我們看到「基督復臨安息日會」和「耶和華見證人」如何全心貫注於《聖經》的某些部分，那些部分的內容預言了耶穌將回來審判世人，並且帶來末日，這便是為什麼學者將他們歸類為教派、而非教會的原因。一八七九年成立於美國波士頓的「基督教科學會」（Church of Christ, Scientist）也被描述為一個教派，它採納耶穌基督事功的某個層面，作為追求的主題。

耶穌身為治療者的事功，被基督教科學會視為它的任務。創立這個運動的先知瑪麗．貝克（Mary Baker）於一八二一年出生在美國新罕布夏州。瑪麗自小體弱多病，直到成年還是大病小病不斷。如同〈馬可福音〉裡那個在醫生手裡吃過不少苦頭的女子，瑪麗花費了許多時間求醫。除了傳統醫學，她也試過催眠術和其他的替代療法，但效果都不持久。一八六六年，她在結冰的街道上不慎滑倒，造成脊椎受傷，這次她嘗試了不同的方法。她不是找醫生，而是去找《新約聖經》。當她思索〈馬太福音〉中耶穌命令癱子起來行走的章節，她感覺到自己被治療了。她相信不僅她受傷的脊椎得到了癒合，也發現了存在於耶穌治療事功背後的科學。

瑪麗獲得了天啟，讓她明白疾病是建立在一種錯覺的基礎上，而這個錯覺便是：物質是獨立存在的。事實上，物質是由上帝的心所創造。心是起因，而物質是結果。因此要尋求治療，必須透過心，而非透過物質。瑪麗在她的著作《科學與健康》（*Science and Health*）中寫道：「人類知識稱之為物質力，但神的科學宣告它們完全隸屬於神聖的心……而且存在於這個心之中。」瑪麗將「心凌駕於物質」的這個原理，運用於人類的受苦，這代表著，她認定折磨我們的疾病，並非一種真實存在的事物。它們是騙人的事物，是錯覺，是物質凌駕於心時所玩的把戲。因此，想要治療疾病，不應透過玩著相同物質把戲的醫生，而是要敞開自我，接納神的愛的力量，這股力量能驅逐疾病的錯覺，使我們恢復健康和真實。因此，基督科學並非**治療**我們的疾病，而是治療一開始讓我們自以為有病的錯覺！

這並不是新英格蘭的主流教會準備好要接受的教義。他們不相信痛苦能如此輕易被抹除，並堅信痛苦是真實存在的事物，而非錯覺。他們懷疑瑪麗不相信罪和審判的真實性，而且瑪麗顯然也不相信天堂和地獄。在她的著作中，沒有人是不可救贖的，只要瞭解「心凌駕於物質之上」這個原理，一切問題都可解決。瑪麗因為揭露她所知的真相而遭到主流教會的反對，心生挫折之餘，她在一八七七年嫁給第三任丈夫吉伯特・艾迪（Asa Gilbert Eddy），並於一八七九年在波士頓成立了「基督科學會」。一九〇八年，她創辦了《基督科學箴言報》（*Christian Science Monitor*），這份刊物至今仍然持續出版，而且廣受敬重。同樣著名的是坐落於波士頓後灣、佔地十四英畝土地上的基督科學總教堂。

基督科學會的禮拜儀式包含了閱讀《聖經》和瑪麗的作品，特別是《科學與健康》這本著作。他們也會唱聖歌和進行默想，但唯一使用的祈禱形式是主禱文。基督科學會從未發展成一個大規模的運動，但廣泛傳播到世界各地。在大多數的城市，你都能發現展示著瑪麗著作的閱讀室，你也能為自己找到方法，將「心凌駕於物質」的原理，運用於治療困擾著你的疾病。一九一〇年，瑪麗在波士頓的家中去世。

四十年後，在一九五二年，另一個美國宗教誕生了，它甚至比基督科學會更加輕視現代醫學。這個自稱「山達基教會」（Church of Scientology）的組織，它的先知是一位名叫哈伯德（Lafayette Ronald Hubbard）的科幻小說家，他於一九一一年出生於美國內布拉斯加州。山達基教會受到好萊塢電影明星的歡迎，如湯姆・克魯斯和約翰・屈伏塔等明星，將他們的成功歸因於信奉山達基的信條和實踐。

山達基雖然利用現代技術和心理探索技巧來傳教，但它的哲學基礎正是印度教的輪迴轉世教義。山達基相信不滅的靈魂「希坦」（*thetan*）的存在，希坦歷經無數歲月，從一個身體遷移到另一個身體。希坦本身就是宇宙的創造者，而且為了能在宇宙中運作，他們為自己製作載體，人類的身體只不過是他們所採用的眾多形式之一。

這是事情開始變得複雜的地方。所有宗教都試著解釋造成世上邪惡和苦難的原因，並提供補救的辦法：《聖經》將責任歸咎於亞當和夏娃的不服從，致使失寵的兩人被逐出伊甸園，結果人類的歷史變成一段尋求救贖和回到樂園的歷史。而按照印度教的神學理論，是「業」在驅使我們歷經無數世的輪迴，直到我們滌淨了罪，最終進入涅槃。山達基就結合了這兩種教義元素。

在無數世的漫遊期間，希坦的經歷使得人類在情感和心理上受到重創而留下了傷害，就像殘酷的童年經驗可能在成人時期投下陰影。某些有害的經驗是意外所造成，哈伯德稱之為「印痕」，那是希坦在無數世遊歷期間留著身上的傷痕，屬於普通損耗。而有時，這種傷害是蓄意為之，是那些已經投靠了黑暗面、想奪取其他希坦力量的希坦所造成。

哈伯德將這種對人類靈魂造成的蓄意傷害稱為「植入」，它們不只是身體和心理不幸的源頭，也是為了使希坦迷失而蓄意植入的惡念源頭。他寫道：「植入造成了各式各樣的疾病、冷漠、墮落、神經官能症和精神錯亂，是人們產生這些問題的主因。」他說，基督教的天堂概念在四十兆年前被嵌入，是兩個精心安排的植入的結果，目的是為了哄騙希坦相信他們只有一世的生命，而非有無數世在等候著他們。

「印痕」與「植入」，就是山基達版本的基督教「墮落」概念，就是它們造成了人類的不幸。而山達基解除我們痛苦的方式，也同樣具有特色。印痕將自己封入人們的潛意識，或者形成如哈伯德所稱「反作用的心」，觸發生活中的苦惱。而提供救助的方式，是透過一種稱作「旁聽」的過程來淨化或清除它們——聽起來像諮商師在聆聽案主慢慢披露造成他們現在苦惱的過去事件。

但在山達基，事情有別的處理方式，旁聽者是利用科技來辦事。他們有一種稱作「心靈電儀表」或簡稱「電儀表」的設備，運作方式就跟測謊器一樣。電儀表幫助旁聽者找出讓內心事件浮出表面的問題，每次療程的目標，就是達成「贏勝」或「揭露真相」的片刻。這種贏勝使內疚的經驗能夠浮出表面，從而將之摧毀。造成內疚的事件被憶起之後，緊接著不是被療癒，而是從記憶中被消除。不堪的過往就這麼被抹除了，而不是加以懺悔和補救。

山達基還有其他自成一格的救贖手段，但這是一種特別意義上的救贖，只限於今生此世，也就是信徒目前經歷的這一世。沒有所謂最終救贖或詛咒，沒有天堂和地獄，人生並非僅此一次的交易，唯有一世又一世無止盡的回歸。山達基認為，人生是個沒有涅槃的輪迴，因此藉由淨化印痕和辨識植入，能夠幫助人們改善這一世的生活。

但是，這種救贖的代價可不便宜，你得用鈔票支付這些拯救技巧所需的費用。越深入山達基的奧秘，你必須支付更多的錢。因此，不少人批評山達基是一門生意，而不是宗教。對此山達基教徒回答說：其他宗教不也都是從人們身上弄錢來維持運作，為什麼他們不行？哈伯德已於一九八六年去世，他回歸時是否會繼續當一名山達基教徒，或者成為其他人，此事再無可考，因此我們也不知道他是否還會主導這個計畫。

像山達基這樣的宗教持續出現，但它們主張的概念卻沒有太多新意，或許是如同《舊約聖經．傳道書》所說的：「已有的事後必再有，已行的事後必再行，日光之下並無新鮮事。」這個概念對於本章中我想談的最後一個宗教「統一教」（Unification Church）或稱「世界基督教統一神靈協會」來說，情況確實如此。統一教的創辦人暨先知是文鮮明，他在一九二〇年出生於韓國。文鮮明十六歲時，耶穌向他顯現，並告知他已經被任命來完成使命。文鮮明對於性非常感興趣，他認為正是夏娃將性與愛分開，從而毀掉了人類的性。夏娃除了與亞當私通，還跟撒旦發生了性關係，結果造成的污染代代相傳。

上帝因此指派耶穌來補救這個局面。上帝為耶穌所做的安排，是讓他結婚，並生下無罪的後代，這麼一來——借用山達基的術語——夏娃「植入」人類性經驗中的罪將被抹除，而耶穌和他的新娘會生出無罪的後代。可惜的是，耶穌還來不及找到完美的伴侶並解救人類，就被釘死在十字架上。上帝的計畫再度受挫，但現在這一切又上了軌道。文鮮明被任命為完成耶穌任務的彌賽亞，他藉由建立理想的家庭來完成這項任務，最終將以純淨的愛消弭夏娃的罪。

文鮮明直到遇上他的第四任太太，才找到完美的伴侶，開始透過婚姻從事他的救贖運動。他後來號召信徒以他為榜樣，鼓勵信徒在大規模的儀式中結婚。這是要收費的，因此，在統一教中，數以千計的夫妻會同時結婚，當中有許多人的配偶還是文鮮明替他們選定的。此事必定有利可圖，當文鮮明九十二歲於二〇一二年去世時，據說他的身價高達九億美元。

統一教於一九七〇年代推向西方世界，吸引了許多年輕人入教。從教義中，我們看出宗教中的墮落與救贖主題如何一再被重提和更新。人類的不滿足，表現在他們不停找尋解決麻煩的辦法。而總是會有準備就緒的某人，急欲提供另一個新的宗教方案。因此在進入下一章的運動時，我們總算可以鬆一口氣，因為這個運動的目的，不是增加宗教的數量，而是將它們結合起來。

· 37 ·

開啟的門

「普世」（ecumenical）是一個擴充宗教詞彙的有用語詞，源自於意指「房屋」的希臘語「*oikos*」，引申到指涉人類全體的「*oikoumene*」概念，從獨門閉戶到世界上的所有人類。所謂普世，是去接觸其他的人，並且頌揚我們的共同之處，那代表從封閉的大門走出來，和我們的鄰居手牽著手。這種開放性是二十世紀宗教的重要概念，發生在許多地方，且讓我們從基督教說起。

十六世紀的宗教改革，使得基督教分裂成彼此敵對的群體。在他們停止相互廝殺的接下來幾個世紀，各個宗派彼此之間從不交流，自顧自地發展。後來沉重的門扉慢慢打開，基督徒開始越過自家的高牆彼此交談，這樣的對話始於一九一〇年在愛丁堡舉行的會議，會議中，若干新教的教會團體齊聚一堂，分享他們所關切的事。

後來在一九三八年，一百個教會的領袖仿傚聯合國組織，表決組成「普世教會協會」（World Council of Churches），不過，一九三九年第二次世界大戰的爆發，使得這個抱負被耽擱了。但到了一九四八年，普世教會協會順利舉行了第一次大會，共有一百四十七個教會的代表出席。如今，普世教會協會的會員包含了三百四十五個不同的宗派，這個數字提醒我們，現在基督教的分裂情況依舊非常嚴重。

在早期階段，普世運動冀望將分裂的基督教團體，整合成一個完整單一的教會。這樣比喻雖然不算妥當，但不妨將它想成試圖將幾個彼此競爭的公司合併成一個大企業，就像一個工程模型，這裡減一點，那裡加一點，再將它們栓在一起，聯合教會就出現了！有幾個新教教會確實以這種方式成功的融合在一起，例如一九五七年由兩個宗派合併而成的「聯合基督教會」，以及由三個宗派在一九七七年合併而成的「澳大利亞聯合教會」。不過，除了幾個地方性的成功案例，尋求這種方式的統一者最後都以失敗告終，但已然改變了教會之間的氛圍。

此後，宗教之間尋求統一的方式變得寬鬆不少。教會認為雖然他們彼此不想結婚，但沒理由不能當朋友，如果他們之間有共通處，而且準備好忽視彼此的差異，那麼事情會變得更容易。按普世運動的行話來說，他們後來「彼此契合交融」。因此，不列顛群島的英國國教會在一九九二年與北歐的路德教會交融在一起，他們並沒有合併成一個新的宗派，而是待在各自的本家，但對彼此敞開大門，成為一個大家庭。

要說這個普世運動會將基督教帶往何處，還言之過早，而按照某些推測，想尋求精心安排的統一成果，可能時機已過。如今，世人已經採取一個較為寬鬆的態度，將教會之間的差異認定為是值得讚頌的東西，畢竟每個家庭都有自己的風格和做事方法，但他們都隸屬於遍及世界各地的相同人類社群。一種讚揚多樣性的風氣正在興起，即便要將無數基督教宗派結合成一家大公司的機會渺茫，但此刻，人們漸漸從多樣性中看出彼此的優點及美妙之處。就像一座百花齊放的花園，人們可以用許多不同的方式來理解和敬拜上帝。

如果這種態度聽起來散發的東方味更甚於西方味，更像印度教而不像基督教，那是因為事實確實如此。普世運動即便在一九一〇年最早是從基督教發起，但背後的推動力早已存在，我們已經見過它在錫克教中起作用，使得錫克教對於其他宗教傳統抱持了開放的態度，其中所反映的是印度教「萬河歸流入海」的精神。不過，這樣的概念想必無法吸引先知穆罕默德，因為他並非視伊斯蘭為某一種宗教，而是所有宗教的完滿與大成。

因此，有趣的是，現今世上最普世的宗教，其源頭不是印度教，而是伊斯蘭。這個宗教名為「巴哈伊」（Baha'i），一八八四年出現在波斯，也就是現今的伊朗。如同基督教和伊斯蘭，巴哈伊也是一個典型的先知宗教。它的預言要旨在於神的心意已經透露給那些經過挑選的人——通常是人類，而這些人說出他們的所見所聞，接著，就有一群人被組織起來向全世界傳播新教義。伊斯蘭讚頌這種先知傳統，從亞伯拉罕開始，歷經耶穌，再傳給穆罕默德，但伊斯蘭相信穆罕默德是最後一位先知，是天啟傳承之流的頂點或完成，亦即「先知的封印」。這條河流已經找到它所歸屬的湖泊，預言已經終止。

當然，巴哈伊信徒可不這麼認為。對他們而言，沒有湖泊也沒有水壩會來限制上帝所給予的啟示，這條河依舊在流動，預言潺潺不息，它會流到歷史的盡頭，不時浮現天啟的泡沫給新的先知體悟。巴哈伊信徒相信這個泡沫在十九世紀中期的伊朗浮現，此時上帝派出他最新的先知來到了人間。你大概還記得福音書告訴我們，耶穌基督有一個名叫「施洗者約翰」的先行者。人們問約翰：你是否是彌賽亞，約翰回答不是，不過，他自稱是來替那個即將到來的人做好準備。

同樣的事發生在一八四四年的伊朗。一個自稱巴孛（Bab，意思是「門」）的年輕男子宣布他是上帝派來的使者，要為下一個先知的到來做好準備。巴孛雖然不是先知，但他承受了先知們一如既往的命運。他宣稱自己是新先知將要通過的門，這對正統穆斯林來說簡直是異端邪說！對他們而言，穆罕默德已經是最後一位先知了，此後不可能再有其他先知出現。因此，巴孛在一八五〇遭到逮捕並處死。

幾年後，一個名叫胡笙．阿里．努里閣下（Mirza Husayn Ali Nuri）的男子因為追隨巴孛和熱切等待他所預言的先知而入獄。胡笙獲得天啟，知道自己便是那位先知，遂改名為巴哈歐拉（Baha'u'llah），意思是「神的榮耀」。巴哈伊信仰就這麼誕生了。巴哈歐拉的境況比巴孛好，伊朗當局沒有處決他，但他在放逐和囚禁中度過了四十年的歲月。

一八九二年，他死於巴勒斯坦城市阿卡（Acre）的監牢。前文提到，開創新宗教可能嚴重危害你的健康，巴哈歐拉可謂另一個實例。

胡笙的兒子阿布杜爾─巴哈（Abdu'l-Baha）和他一樣遭到囚禁，但最後順利成為接替胡笙的領導者。在一九〇八年獲釋後，阿布杜爾遍遊埃及、歐洲和美國，傳播新的天啟和招募追隨者。阿布杜爾於一九二一年去世，接替者是他的孫子守基·阿芬第（Shoghi Effendi）。巴哈伊信仰持續成長，遍及全球，當阿芬第於一九五七年在倫敦去世，該運動的領導權從先知繼承的個人手中，傳遞到稱作「世界正義院」（Universal House of Justice）的一群信徒身上。

巴哈伊之美在於它沒有複雜的東西，它的要義是不斷發展中的天啟。上帝會持續派遣先知來到人間，其中，巴哈歐拉碰巧是最晚到的先知，但不代表他所獲得的天啟是最後的天啟。不過，這確實代表他是目前應該受到關注的人，因為他是人們應該要學習的最新天啟。這是簡單明瞭的教義，呼應著當時的普世精神：世上唯有一個真神，祂的存在超乎人們的理解，先知所捕捉到的，只是窺見上帝心意的一瞥。遺憾的是，建立在這一瞥的宗教總是搞錯一件事，而且總是犯下相同的錯誤：他們以為一提到關於上帝的事，他們的話就具有決定性。

巴哈伊教徒相信，世界上所有的宗教對於上帝的神秘性，多少都有點認識，因此都應受到尊重。每個人的一瞥都是有效的，但沒有人能窺得全貌，即便是巴哈伊。巴哈伊只不過碰巧是最新的版本，而且具備簡單之美。巴哈伊承認世界上有許多宗教，但它們都注視著同一個上帝。在這個意義上，它們已經算是同一個宗教，使它們團結在一起的，是它們所注視的**事物**，而非他們看待它的觀點。這麼說來，又回到了以不同方式在思考的盲人和大象的寓言，大象可能是同一隻，但每個人用不同的觀點看待牠。

那麼，巴哈伊抱持著什麼樣的觀點？「唯一的神」這個說法並不新鮮。巴哈伊教徒指出，就連人類也是唯一的，而人類的一體性和上帝的單一性，是同等重要的學習課題。這當中存在著相當務實的意涵。那些以為自己的教義具有決定性的宗教所造成的悲劇，在於它們將人類分裂成敵對的集團，然而，一旦瞭解到，雖然所有宗教都從不同的觀點來看上帝，但它們見到的其實是同一個上帝，那麼，宗教就能變成一股團結人們的力量。

這正是為什麼在「世界宗教議會」上，巴哈伊教徒在團結聯合世界各宗教的新普世主義中扮演了重要的角色。世界宗教議會於一八九三年首度在芝加哥召開，一個世紀之後，又召開了一次；最近的一次會議於二〇一五年在鹽湖城舉行。該議會的存在，說明了在我們的時代，某些宗教正在擺脫分裂和猜疑彼此的局面，轉而開創友誼和對話的新紀元。

除了在世界各地見證上帝的單一性和人類的一體性，巴哈伊教徒擁有簡單且別具特色的信仰方式。他們沒有專門的神職人員，也不會強行對成員灌輸統一的教義。他們的信仰是家庭式信仰，儀式主要在客廳中舉行，反映出巴哈伊的伊斯蘭根源。完成淨身儀式後，巴哈伊教徒會面對一個特定的方向進行祈禱，不是朝向麥加，而是朝向他們的先知巴哈歐拉在以色列的墓。他們的禱文相當簡單：「我自行見證說，啊！我的上帝，你創生了我，來認識你和敬拜你……除你之外，別無上帝，你是救苦者……」

巴哈伊說明了一件事：在我們這個時代的宗教趨勢，已經從過去的分裂狀態，轉變成不同於以往的團結和聯合。這並非是將不同的體系強行結合成為一個新的組織，而是藉由揭露那早已存在的一致性——我們共通的人性——而彼此結合。要發現這個共通性，與其多說話，不如多傾聽，因為它更多是表現在默默不語，而非喋喋不休。

但這絕非是一種普遍的趨勢，因為有個對立的趨勢正在與之抗衡。這些憤怒的基本教義派自視為上帝真理的唯一持有者，他們得為現今世界上某些最可怕的衝突負責。下一章，我們來看看他們的故事。

· 38 ·

憤怒的宗教

「基本教義派」這個詞彙是貼在現今某幾個宗教團體的標籤，但最早是在二十世紀初期，用來描述美國某個特定的新教。現代科學讓那些按照字面意義理解《聖經》的基督徒，生活變得越來越辛苦。《聖經》告訴他們，上帝花了六天的時間創造宇宙萬物，接著在第七天休息；而在第六天某個時刻，祂創造出完全成形的人類。直到十九世紀，許多人仍認為事情確實就是這麼發生的。後來真正的科學家介入此事，開始提出質疑，其中有一位科學家讓信徒們很頭痛。

他的名字叫達爾文。達爾文在研究中達成結論：地球上所有的物種都透過一種慢慢適應環境的過程，經歷了長久的演化。達爾文讓「六日創造論」出局已經夠糟了，更糟的是，他宣稱完全成形的人類並非在六千年前的某一天出現，而成為一種特殊的創生物，人類同樣是歷經了數百萬年的緩慢演化過程，而且，他們最近親的祖先是猿猴！當達爾文的著作《物種起源》於一八五九年問世，它對於那些將《聖經》的創世故事當成精準描述上帝創造宇宙萬物的人，造成了危機。

基督徒對於達爾文的這部著作有不同的反應。許多基督徒在讀了《物種起源》之後相信達爾文是對的，必定是《聖經》錯了！這讓信仰的殿堂倒塌得一敗塗地。失去了宗教讓他們感到悲傷，就像是一個不再相信聖誕老人存在的孩童。但是，也有其他信徒以達爾文的著作為榜樣，讓他們的宗教去適應新的科學，學習以新的方式閱讀《聖經》。《聖經》是一門藝術而非科學，它的目的是讓你思考生命的意義，而不是提供你關於生命技術的知識。因此，他們的宗教存活了下來，卻失去它古老的確信。這代表它首度變成一種信仰！確信不是信仰，而是信仰的對立面。如果你確信某件事，你不需要去**相信**，你**知道**事情就是這麼回事，好比說，我不用相信二加二等於四，因為我確信事實正是如此，我可以用手指頭算得出來。但是，我無法確言生命有包羅萬象的意義，以及，這個世界存在著一個愛護它的造物主，或者，我在死後擁有另一世的生命。這一切都無法確知，我們要嘛相信，要嘛不相信；要嘛有信仰，要嘛沒有信仰。現代科學幫了宗教一個忙，協助它更瞭解自己，並改變它談論自身的方式。

當然，也有一些基督徒拒絕與現代科學達成協議。他們不願讓他們的信仰屈服於科學之下，也不願遷就科學，去找尋理解信仰的不同方式，他們決定對抗科學。科學沒有讓他們感到難過，也沒有促使他們思考，而是令他們憤怒！也因此，憤怒成為基本教義的主要成分。想要瞭解基本教義派，你必須去感受促成基本教義的憤怒和挫折。

你是否曾經因為某個機器發生故障而生氣，想要將它扔出房間？你是否曾看過網球選手在球場上狠砸球拍洩忿，彷彿想將剛才的擊球失誤歸咎於球拍？生命不停向我們投出變化球，將我們撞離舒適圈，有些人比其他人更擅長應付變化，輕鬆適應新的挑戰，我們稱之為「早期採用者」，這些人等不及使用最新的手機或 iPad。反過來說，有些人適應得心不甘情不願，還有一些人根本就拒絕適應。他們痛恨改變，並且憤怒地對抗改變，尤其當他們所珍視的信仰被改變時！科學是現代最大的改變動力，因此成為那些自覺遭受科學伏擊的憤怒信徒的洩忿目標。這群人的怒氣在一九一〇至一九二五年間的美國沸騰起來——挑起戰火的是達爾文的演化論。

針對演化論而發動的首波猛攻是一系列的小冊子，出版團體自稱「世界基督教基本教義派協會」（The World's Christan Fundamentals Association）。基本教義是所有運動中的堅固基礎，如果你將房屋建立在這些基礎上，連時間洪流也無法沖毀它。對於這些小冊子的作者而言，基督教的基礎就建立在《聖經》的真實性之上，上帝口述了《聖經》中的每一個字，而且上帝不會犯錯。《聖經》裡的每件事都是真的，是上帝親口所述，任何與之牴觸的人言都是錯誤的。達爾文與之牴觸，因此是達爾文錯了！

基本教義派不會試著證明科學不正確，他們不會**提出論據**來反對科學，他們直接**宣告**反對科學！就好像父母親大喊「因為我說了算！」來贏得與孩子的爭吵。這便是基本教義派做的事，他們用權威而非證據來進行駁斥。為什麼達爾文是錯的？因為《聖經》

這麼說！但他們不只武斷地表達意見，還試著禁止科學的傳播。這時科學展開了還擊。

一九二五年，在憤怒的基督教牧師抗議之下，美國田納西州禁止學校教授演化論。而且，否認《聖經》中所謂「神創造人」的理論，以及主張「人類是低等動物的後裔」，變成一個必須受罰的違法行為。一位名叫史科普斯（John Thomas Scopes）的年輕科學教師決定挑戰這條新法律。他因為教授演化論而被逮捕，他打算利用他的案件來凸顯一件事，那就是藉由引用〈創世紀〉來證明演化論不正確，是一件多麼愚蠢的事。史科普斯案獲得美國公民自由聯盟和美國當時最著名的律師達羅（Clarence Darrow）的支援，變成人們所稱的「猴子審判」（Monkey Trial），因為達爾文宣稱人類是猿猴的後裔。史科普斯先是承認教授演化論有罪，還被罰款一百美元。達羅則利用答辯來顯露基本教義派立場的矛盾，以及他們的主要發言人根本不知道自己在說些什麼。史科普斯輸掉了這場官司，但達羅贏得了辯論。不過直到一九六八年，禁止在學校教授演化論的法律才被美國最高法院廢除。

史科普斯案顯示，新的知識會激怒基本教義派。任何類型的基本教義派都不喜歡歷史，以及歷史帶來的任何改變，他們寧可在球場上砸壞球拍，也不願對未來的事物做出回應——他們只想回到過去。「你們為什麼不停提到未來？」他們大喊。基本教義派總是怒氣沖沖，拒絕接受新的現實。

如果說，科學的改變和科學所帶來的新知識讓基本教義派難以接受，那麼讓他們更難以接受的，是社會運作方式的改變。在我們的時代，社會變遷比起科學帶來的壓力，更容易激怒宗教的基本教義派；而且有些基本教義派不僅是生氣，還變得暴力。

在二十和二十一世紀，這世界所面臨最具革命性的改變，就是女性的解放。《聖經》和《古蘭經》源自一個受到男性控制的社會，這沒什麼好意外的，那的確是直到晚近以來，世界運作的方式。在更深入這個議題前，有件事情值得注意，那就是歷史顯示，當家作主的男性從不會自願放棄他們的特權。他們不會在某天醒來說道，「我突然明白我控制和支配其他人的方式是不對的，我必須改變做法，所以我要跟他們分享我的權力。我要給他們投票權！」事情從來不是這樣運作的。歷史告訴我們，權力總是必須從擁有權力的人那裡奪取過來。主張婦女有權參政的運動人士為了替女性爭取投票權，學到了這個教訓：男性不會自動給女性投票權，女性必須努力去爭取。

關於權力，還有另一件值得注意的事：這裡是宗教涉入之處。有權力者本身熱中權力，但他們會利用看似合理化的理論來掩飾他們的權力欲。他們用來阻止女性投票的理論是：女性的大腦無法理解政治的複雜，因此政治專屬於男性；而生孩子則是專屬於女性的事。宗教一向最擅長提供理由，讓人們各安其位，我們在奴隸制度的辯論中看到過宗教如何發揮作用，好比說《聖經》和《古蘭經》都視奴隸制度為理所當然，也認為女性本該順從男性。所以，我們碰見了一個尷尬的事實，亦即聖典可以用來替那些想控制別人的人提供彈藥。

如今，聖典依舊可以這樣被利用。對於基督教基本教義派而言，讓女性從男性的控制下解放出來，是個天大的問題，因為《聖經》說女人應該臣服於男人，絕不可擁有高於男人的權威。直到現在，大多數的基督教機構仍然拒絕讓女性在教會裡擔任正式的牧師職。這個議題在天主教會中甚至尚未準備好被討論，而天主教無疑是地球上規模最大的組織，擁有超過十億成員；即便是比較開明的基督教會，也為了這件事掙扎了非常久，直到二〇一五年，英國國教會才允許女性成為主教。正如開明的宗教學會了適應達爾文理論，它們還得學習適應女性的解放，無論過程多麼痛苦。但時間持續往前流動，它們現在必須更痛苦地應付同性戀的解放。

對基督教來說，這一切已經夠艱難了，但出於某些原因，這對伊斯蘭而言甚至更艱難。如今，這些與變化達成協議的掙扎，發展得更為激烈，因為基本教義派穆斯林不僅憤怒，而且他們在最極端的憤怒下，變得殘忍而嗜殺。許多因素促成了伊斯蘭的這個危機（很多因素也不在本書討論範圍），但他們與世界各地的宗教基本教義派有一個共通的問題，包括以色列的基本教義派在內，那就是，以色列的基本教義派猶太人，拒絕嘗試與巴勒斯坦人分享聖地，他們認為上帝早在幾千年前就將巴勒斯坦賜給了他們，所以他們只不過是取回被偷走的東西。如果你試著指出這種態度中所挾帶的危險，他們便會複述基督教基本教義派曾對達爾文說過的話：我們是對的，你是錯的，因為《聖經》這麼告訴我們。

由於《聖經》或《古蘭經》這樣被運用，它們似乎變成問題的所在，是這些衝突爆發的原因。或者換個說法：難題就出在「這些文本是來自上帝的啟示」這麼一個概念。畢竟，我可以跟你爭辯關於女性地位或同性戀地位的問題，而且我們可以意見不一致，但當你告訴我，你看待這些議題的觀點不是你自己的觀點，而是出於上帝的觀點，那麼想要講道理，就變成一件不可能的事了，因為它變成「猴子審判」的翻版。

基本教義派不跟人辯論，也不審視證據，他們直接發出判決，結果總是「有罪」，因為他們的聖書已經對問題做出了裁定。這表示，在我們這個時代的基本教義危機（包括它的暴力形式）說明了一個問題，完全切中那些宣稱奠基於上帝直接啟示的宗教。當然，如果這個說法被用來合理化他們的熱愛無知和暴力，那麼套用他們自己的話來說，這當中存在著某種本質上的錯誤。所以，宗教如何讓自己擺脫這個特定的陷阱？這是我們在下一章要思考的問題。接著，我們要更仔細檢視宗教的暴力史。

· 39 ·

宗教暴力

宗教是否如許多人所言，是造成人類歷史中暴力的主因？宗教對暴力確實不陌生，它在過去和現在都曾經利用暴力。但宗教是暴力的**起因**嗎？不少有識之士認為答案是肯定的。他們提出建議，若要除去世界上的暴力，必須去除世上的宗教。有人進一步推展這個論點認為，下令使用暴力的上帝，一向是人類的大禍害，要拯救人類免於危害最好的方法，就是消滅上帝。這是個強而有力的指控，我們無法等閒視之。

如果我們將討論侷限在三個亞伯拉罕系宗教，亦即猶太教、基督教和伊斯蘭，這項指控似乎說得過去。猶太教的早期歷史中充滿了暴力，如果不憑藉暴力，猶太人根本無法從埃及的奴役下解放出來，這是為什麼我們應該在這裡暫停一下，先看看暴力是否有其必要。

幾乎沒有人會宣稱，對別人施展暴力不需要正當理由，暴力說到底是一件壞事，但有時，兩害相權取其輕。奴隸制度是不好的制度，不把人當人看，而將人視為可任主人處置的牲畜。如今大多數人都會贊成奴隸有反抗主人，以及為自己爭取自由的權利。那正是猶太人所做的事，他們群起反抗主人，逃進沙漠。接下來發生的事，才是讓結果變得棘手的地方。

大約在西元前一三〇〇年，以色列人對住在迦南（現今巴勒斯坦）的部族——以色列人認為他們是不敬上帝的罪人——做出十九世紀時基督教對美國原住民所做的事。這個用來描述將一整個民族連根消滅的用語稱作**「種族滅絕」**，而這項指控必須歸咎於《聖經》。歷史學家可能會爭辯說，猶太人定居在巴勒斯坦人的土地，實際長達非常久的時間，而且過程非常暴力，因為《聖經》明白描述了在那裡發生的殺戮，而且宣稱上帝下達的命令。描述這件事的經典是〈約書亞書〉，內容中散布著諸如「你們要將他們都滅絕淨盡」、「他們消滅了他們」，以及「凡有氣息的，沒有留下一個」之類的句子。〈約書亞書〉告訴我們，定居在應許之地的以色列部族，是透過上帝所下令的暴力行為，而做了這些事。

說到基督教，歷史記載顯示它也有一個暴力的開頭，但它是承受暴力，而非施加暴力的一方。在基督教發展的早期階段，它並未預期自己能發展得夠久，直到涉入世俗政治；但這種境況並無法阻止它遭受到迫害。基督教徒崇拜的是一個被釘在十字架上的神，而且欣然接受自身的苦難，等到君士坦丁皇帝採納基督教，並為了自己的利益而加以運用，基督教的苦難才終於結束。

此後，基督教會發展出對暴力的喜好，以及學會了利用暴力作為一種控制手段。許多個世紀以來，教會利用暴力來對付猶太人，又因為耶穌被釘死在十字架，而稱猶太人為「弒神者」，卻忘記了耶穌在「山上寶訓」中說過的一切。十字軍東征期間，教會利用暴力對付穆斯林；宗教裁判所設立期間，教會也利用暴力對付抱持異端邪說的基督徒。還有，在宗教改革之後的戰爭中，敵對的基督教團體彼此交戰，直到社會厭倦了暴力並介入阻止。

伊斯蘭也有一個暴力的誕生過程。儘管「**聖戰**」的概念可以用非暴力的方式來理解，但也可以為使用來暴力對付異教徒，提供正當的理由。如同基督教徒，穆斯林也曾積極地殺害不同派別的伊斯蘭信徒。什葉派與遜尼派彼此殺戮，熱烈程度不亞於以往同屬基督教體系的新教徒和天主教徒。什葉派與遜尼派雙方之間的仇恨，更是現今中東地區衝突的主要原因之一。

因此，問題不在於宗教是否成為歷史上諸多暴力事件的起因，而是，我們為什麼要因為暴力而感到不安？在探討奴隸制度時，我們注意到在某些情況下，使用暴力是具有道德正當性的選項，那是指引大多數國家內部和外部政治的一大原則。

就統計數字而言，美國是世界上最信奉基督教的國家，也是最為暴力的國家。它允許死刑，也相信一般平民有權利擁有槍械和使用槍械自衛，儘管每年有許多美國人因此喪命。如同世界上所有的國家，美國運用暴力，不僅為了自衛，也為了干預其他國家的事務。如果在這些情況下，我們可以將暴力合理化，那麼，為什麼當宗教利用暴力達成目的時，我們卻覺得這麼不舒服？人類原本就是一個使用暴力的物種，為何宗教暴力會讓我們如此反感？

原因有兩個。首先，當宗教涉入紛爭時，它增添了有害的成分到其中，這在其他衝突中未必總是存在。說到底，人類的確具有暴力傾向，但如果他們能夠說服自己相信，這麼做是遵從神的旨意，那麼，他們就能在衝突中毫無慈悲和節制地痛下殺手。在十七世紀的蘇格蘭，稱作「殺戮時代」的宗教戰爭期間，某個陣營的戰鬥口號是「上帝和殺無赦」，意思是，絕不可以展現慈悲心，或者留俘虜活口。常常在電視新聞中，我們看見敵對的穆斯林宗派正在砲轟彼此，我們很可能聽見他們一面朝另一方發射飛彈，一面讚美真主的旨意。

如果你是遵從宇宙的道德判斷而採取行動，那麼你就不可能出錯。「上帝和殺無赦！」這就是為什麼宗教狂熱者之間的衝突往往綿延好幾個世紀，沒有任何一方想要尋求和解。當古老的世仇獲得高漲的新能量，它有時被稱作「認同政治」。一個不受歡迎的團體，可以藉由高舉著一個與千萬人為敵的信仰大旗，而獲得目的感和身分認同感。如此不但能緩解一個局外人的無家可歸感，也使得他因為憤怒而陶醉其中，並給予他在二〇〇五年倫敦某列擁擠的地下鐵車廂中炸死自己的理由。

如果宗教暴力使我們驚駭的第一個原因，是它帶給人類衝突的不合理強度，那麼第二個原因，就是存在於它核心中的可怕矛盾。關於這個矛盾，沒有信仰的人往往比有信仰的人看得更加清楚——這個矛盾名叫「上帝」。大多數宗教都奠基在宣稱上帝是至高無上的真實存在，並且制定了他們的道德規範。他們各有不同的方式來說明這些規範，但全都視上帝為宇宙的家長。也因此，人類是上帝的子女，如《新約聖經》所說，「我們活著、行動、生存」都在於上帝。

然而，如果我們是上帝的子女，那麼上帝為何花費這麼多歷史和時間，命令祂的大家庭中某個支族去根除另一個支族？為何祂對祂猶太子女的愛，必須透過消滅祂的巴勒斯坦子女來表達？為何祂後來放棄祂的猶太子女，而偏愛祂的基督徒子女，並鼓勵祂的新寵去折磨他們的兄姊？為何祂吩咐那些崇拜祂為唯一真神的穆斯林子女，去迫害以多神形象崇拜祂的異教徒子女？為何宗教史存在著這麼多的暴力，而且全都是宣稱上帝與他們同一陣營的團體所為？

除非你準備好要相信上帝確實就像某種精神錯亂的暴君那樣徇私偏袒，否則，你只有兩個方式來脫離這個困境。最明顯的方式，是認定根本就沒有上帝，所謂的上帝，是人類的發明物之一，用來合理化人類的喜愛暴力，甚至仇視外來者。如果能擺脫上帝，雖然不會解決人類的暴力問題，但可以除去其中一個藉口。

然而，如果你不想拋棄上帝，那麼你必須進行一些困難的思考。你必須問自己，什麼才是更有可能的事：上帝是宗教經常形塑的某種熱愛殺人的瘋子？或者宗教誤解了上帝，將它自身的殘酷和上帝的意志混淆在一起？如果你認為更有可能的，是宗教誤解了上帝，祂原本並非傳教者形塑出來那種怪物，那麼，你會碰上一個問題。

那就是，相較於無神論，宗教本身更有可能是上帝的敵人。無神論宣稱上帝不存在，但如果上帝真的存在，那麼無神論者的放肆更可能令上帝感到莞爾，而非激怒上帝。當然，無神論者很快就會學到教訓！然而，如果上帝不是怪物，那麼祂不太可能被那些將祂形塑成怪物的宗教導師給逗樂。所以我們得到的結論是，儘管宗教宣稱向世人揭露了上帝的真實本質，但大多數時候，宗教其實是將上帝隱藏在它自身殘酷的濃霧之後。

我們偶爾在聖典中瞥見「宗教是上帝的大敵」的概念。我們發現耶穌會說出這樣的話，是因為他注意到，要利用宗教作為做惡的理由和不行善的藉口，是一件多麼容易的事。壞的宗教促使信徒去忽視那些需要幫助的人，因為那個降臨在小偷之中的人，**和他們不是同路人！**

所以的確，宗教已經持續導致歷史上某些最糟糕的暴力。沒錯，宗教利用上帝來合理化暴力。所以，如果我們認定上帝是有個愛心的萬物創造者，那麼祂要嘛不存在，要嘛就是宗教誤解了祂，不管是哪一種，我們都應該對宗教心存警惕。不過，這不表示我們應該完全拋棄宗教。我們可以決定繼續相信宗教，但懷抱著一顆謙遜的心，承認宗教既能行善，也能做惡——這取決於我們自己。

但宗教的嗜殺紀錄讓某些人備感驚駭，於是他們決定要馴服宗教，挫挫它的銳氣。下一章，我們來看看他們如何做這件事。

· 40 ·

宗教末路

我的狗兒黛西討厭十一月的第一週。這個時節在我家附近的遊樂場和公園，總有人在夜裡施放煙火，爆炸的聲響讓牠嚇到發抖。牠會設法在我的書房地毯下挖洞，以躲避追捕牠的敵人。牠沒有危險之虞，但我無法讓牠明白這件事。牠具備所謂的**高度活躍的能動作用偵測機制**（*hyperactive agency detection device*, HADD），可以偵測到根本不存在的威脅。這種事可能發生在我們任何人身上，例如聽見閣樓地板發出咯吱聲，讓我們會想像有人侵入。但緊接著，我們的理性層面開始運作，然後明白是一陣突如其來的強風，讓老舊地板震動。黛西無法進行這種推理，所以十一月上旬的煙火季節變成了牠的惡夢。牠天生被設定成一聽到巨大的聲響就要逃跑的反應，無論我怎麼解釋，也無法讓牠瞭解沒有任何東西正在追捕牠。

黛西不是歷史上唯一發展出 HADD 的生物。許多世紀以來，HADD 影響了大多數的人類。宗教告訴過往的人們，世界是由超自然的力量所控制，而非自然法則——這就是所謂的迷信，也就是相信，魔法能讓事情發生，不需要有任何自然肇因。這種思維方式在稱作「啟蒙時代」的十七世紀開始有了改變，當時科學取代了迷信，成為解釋世界運作的最佳說法。萬物都有其自然的肇因，一切事情的發生都有理由。而啟蒙時代的格言是「敢於求知」，不屈服於迷信，敢於追求事情的真正起因。啟蒙時代的貢獻之一，是將人類的心智從超自然解釋的掌控下鬆脫。光照進了人們的腦袋，他們開始自行思考問題。

如果勇敢去理解大自然如何運作，是啟蒙時代的一大推動力，那麼，另一個推動力，就是對於許多世紀以來宗教暴力的厭惡。迷信已經夠糟了，更糟的是戰爭。啟蒙時代的思想家注意到一個現象：宗教總是彼此意見不和。每個宗教都相信自己才擁有上帝所透露的真理，而其他宗教的解釋都是錯誤的。一旦宗教控制了某個國家，便會設法使每個國民按照它的鼓聲節奏踏步前進。而如果一個國家中有兩個相互競爭的宗教，它們就會不停地掐著彼此的喉嚨，就像宗教改革之後的歐洲那樣。不過，有趣的是，如果有三十個宗教並存，它們似乎反而能相安無事！

啟蒙運動從這裡得到兩個結論。第一個結論是，社會中存在更多宗教，對每個人來說更安全。因此，和平的最好保證，就是禁止歧視和推行寬容政策。第二個結論是，宗教應該在社會**之中**被容忍，但不應該凌駕於社會**之上**。宗教領袖的權威，應該侷限於他們自己的宗教社群。

這項原則唯有在美國被曾經嚴格地強制執行。美國憲法的制定者受到啟蒙運動對宗教看法的影響，他們記得第一批美國移民是如何逃離歐洲的宗教迫害，因此決心要避免讓這種事發生在他們的「應許之地」。正因如此，《獨立宣言》起草者暨這個年輕共和國的第三任總統傑弗遜（Thomas Jefferson），建議美國人民「不可制定確立某種宗教或禁止信教自由的法律」。美國人民應該在教會與國家之間建立起一道分隔牆，最後，這成為美國的建國原則之一。

歐洲的情況則比較複雜，教會與國家在許多世紀以來糾纏不清，而啟蒙運動所釋放的概念，也開始侵蝕宗教在國家事務上的權威。時候一到，在歐洲所達成的政教分離比在美國更為徹底，因為宗教在美國雖然沒有正式地位，卻擁有相當大的社會和政治影響力。

發生在歐洲的情況，現在稱作「**世俗國家**」。「世俗」（secular）一詞源自拉丁文的 *saeculum*，意思是一段時間，對比於永恆的時間，對比於教會的世界，也對比於宗教啟示的人類思維。世俗國家選擇不干涉那些按照宗教信條過生活的人，它只以現世原則做為判斷事情的基礎。以下是現今的世俗國家運作的幾個實例。

如我們所見，許多宗教歧視女性。聖典告訴他們，上帝指定女性成為男性的幫手，因此女性的權力絕對不能高於男性。而在世俗社會中，歧視女性被視為一種道德上的錯誤，並在某些情況下成為犯罪的行為，可能讓你吃上官司。話雖如此，有鑑於讓宗教在自己圈子裡自理其事的原則，國家官方往往對於宗教社群的某些慣例視而不見，即使這些慣例放在社會上是犯法的行為。

另一例子牽涉到同性戀。同樣的，宗教的聖典認為同性之間的性交是一種罪惡，而且是會讓你被處死的罪惡。在現今世界的某些地方，同性戀行為依舊能讓你喪命，但在大多數的現代世俗社會，迫害同戀性才是一種罪行。如今，同性戀也獲得和異性戀一樣的權利，在許多國家還包括了結婚的權利。然而，世俗國家對於許多宗教社群對同性戀的歧視，一樣裝作沒看見。

縱使世俗**國家**不理會宗教社群的性別偏見和恐同症，但有許多**公民**對這些事情極為關注，而且不喜歡他們看到的情況。因為如同世俗國家的出現，啟蒙運動也催生出世俗**思維**，也就是，在思考生活時，並不參照上帝及祂對於世界應該如何安排的看法。具有世俗思維的人，不只拒絕將宗教信條運用到自己的生活，也驚駭於宗教對於他人生活所造成的影響，他們反對那些憑藉青銅時代晚期的神聖文本而歧視女性和同性戀的人。世俗思維的出現，導致了宗教在西方世界的權威逐漸被消蝕，因此，支配歐洲許多世紀的基督教信仰開始式微，而且沒有停止的跡象。

這樣的衰退讓許多人感到難過，包括一些已經不再信奉宗教的人。他們知道基督教會在漫漫歷史中犯下許多惡行，但他們也承認基督教會有其優點。教會一直是人類的朋友兼敵人，既是治療者，也是折磨者。只不過，人類的本性不喜歡空虛，因此西方世界基督教的式微所留下的空缺，促成了**世俗人道主義**運動的形成。世俗人道主義不夠格被定義為「宗教」，但由於它借用了宗教中某些最好的概念，因此值得我們瀏覽一下，這不失為結束本書的理想方式。

如其名稱所示，「世俗人道主義」試圖幫助人們過上更好的生活，但不是依循宗教所強加的信條，而是人類自己設想出來的信條。他們相信人類已經長大，需要自己承擔起責任。在童年期，人類由宗教或上帝告訴他們該做的事和不該做的事，當中有些指示駭人聽聞，包括奴役其他人類、壓迫女性、用石頭砸死同性戀、強迫別人皈依，以及因為相信錯誤的事情而遭受懲罰等……但身為一個成熟的人類，應該清楚什麼對人類才是好的：寬容是好的；迫害是不好的。仁慈是好的；殘忍是不好的。你不用相信上帝，不需要宗教來告訴你，你也會明白愛鄰如愛己，以及己所不欲，勿施於人的道理。

世俗人道主義者樂於和那些想讓世界變得更好的團體合作，包括宗教團體在內。他們甚至準備好偷取一些宗教的外衣。人道主義者知道隨著宗教式微，有些好東西正在流失，所以他們盡其所能收復它們，並且以合乎人道的方式加以運用。

好比說，宗教善於幫助人們標記人生中重要的轉捩點，例如出生、結婚和死亡；宗教也具備了在這些場合使用的儀式。問題在於，宗教還涉及了世俗人道主義者不相信的天國世界；嬰兒必須被滌罪；夫妻被告知婚姻是一輩子的事，不管他們喜不喜歡；還有，人在死後全都會前往另一世。人道主義者不相信上述任何一件事。

因此，人道主義開始編寫自己的儀式，而且現代世俗國家也允許他們執行這些儀式。目前人道主義司儀在蘇格蘭所主持的結婚典禮和基督教牧師一樣多，他們為嬰兒舉行命名儀式，他們變得擅長為人們提出的特殊要求而定製各種儀式。人道主義司儀能幫助人們將他們自己的價值觀和偏好灌注到事件中，如此一來，便賦予了這些事件以個人的意義。他們能將一種不同的精神注入生命中的重大時刻，這種作法一度被傳統宗教給壟斷，最後，世俗的精神事物在**這一世**找到了意義和美妙之處，人們開始相信，這是我們所擁有的唯一一世，因此我們應該心懷感激和善加運用。

這並非世俗人道主義者向宗教借鏡的唯一一件事。世俗人道主義也欣賞有信仰者聚集在一起敬拜的方式，以及彼此相處的體驗。這些活動讓原本不會相遇的人們，能彼此進行互動和提供支持。每週參與禮拜，是一個認真檢視你的生活的機會，或許還能讓你決定做出一些改變。世俗人道主義者看到這件事的價值，因此他們創造出自己的集會，有時被稱作「無神論者上教堂」。他們為了省思和節慶而齊聚一堂，他們聆聽世俗的布道和演講，他們唱歌，並且保有安靜反省的時刻——這就是一種沒有超自然力量的宗教，也就是**人的宗教**。要斷定這種人道主義是否能發展或者式微，目前還言之過早。以前曾經有人試圖發展出世俗宗教，但不久便消聲匿跡。批評者總說，它們讓人覺得像在喝一杯沒有酒精的啤酒或者無咖啡因的咖啡。重點是什麼？

這一切證明了宗教對於世間男女的吸引力，以及造成為難之處。世人可能欣賞宗教所達成的大多數事情，但卻再也無法接受宗教賴以建立的超自然信仰。他們懷疑那些宣稱不是人類所能置喙的種種權威，也已經注意到，宗教在適應人類行為以及接受新知識的層面上，速度是多麼的緩慢。宗教完全不勇於去認識新的事物，而偏好緊抓住舊的事物不放。

我們注意到，宗教是一座已經磨損掉許多把鐵鎚的鐵砧，它可能會存活得比世俗人道主義更長久。雖然宗教在現今世界的許多地方漸趨式微，但它仍是地球上規模最大的表演節目，而且正在你家附近某個敬拜場所上演。然而，要不要買張門票進去看看，完全取決你。

【國際好評】

（本書）是關於21世紀西方世界信仰狀況的全面反思，作者熟稔宗教經驗，全書充滿洞見與智慧。

——提姆・惠特馬許（Tim Whitmarsh），衛報（*The Guardian*）

哈洛威以多元思路與細節縝密交織的寫作手法，成就了令人欲罷不能的閱讀體驗。全書節奏舒緩，卻幾乎涵蓋了全世界不該遺忘的細節。

——卡羅・波弗瑞（Carol Palfrey），上智雜誌（*Sofia*）

在宗教關係緊繃的年代，此書對不同信仰之間的相互理解貢獻良多……本書坦率說明宗教及其力量，相當出色。

——圖書館雜誌（*Library Journal*）

饒富趣味、大膽直言是本書的一大特色。

——休・麥克唐納（Hugh MacDonald），《格拉斯哥先驅報》（*Glasgow Hearld*）

這是一部關於「人類搜尋上帝存在與否」的迷人調查報告。

——A・N・威爾森（A.N. Wilson），《刻寫板雜誌》（*Tablet*）

理查・哈洛威和這本具分量、文筆優美、深具吸引力的世界宗教簡史，都令人讚歎。你可以從這本深具啟發性的書籍中，學到最多關於宗教的道理。

——彼得・史丹佛（Peter Stanford），《觀察家報》

對於找尋內容深刻透徹、易於理解的宗教史讀者而言，本書是絕佳的起點。

——克莉絲汀・安格爾（Christine Engel），《書單》

（哈洛威）將滿腹經綸轉化為眾人可輕鬆吸收的知識。

——《旗標周刊》（*Weekly Standard*）

本書堪稱引人入勝的宏大人類史。

——伊恩・湯瑪斯（Ian Thomas），《金融時報》

內容深遠，心胸恢弘，本書足以引發智識上的好奇。

——斯圖亞特・凱利（Stuart Kelly），《蘇格蘭人報》（*Scotsman*）

眼界驚人！這本書簡直是一座知識寶庫，發人深省。

——尼爾・理查森（Neil Richardson），《衛理記錄者週報》（*Methodist Recorder*）

非常精彩！讀過後定能對世界上的宗教有更多認識。

——約翰・查姆利（John Charmley），《泰晤士報》

宗教的40堂公開課
無論你是否擁有信仰，都可以用宗教解答人類對自身和宇宙的疑惑
A LITTLE HISTORY OF RELIGION

作　　者　理查·哈洛威（Richard Holloway）
翻　　譯　林金源、廖綉玉
封面設計　莊謹銘
內頁排版　高巧怡
行銷企劃　蕭浩仰、江紫涓
行銷統籌　駱漢琦
業務發行　邱紹溢
營運顧問　郭其彬
責任編輯　李嘉琪、周宜靜
總　編　輯　李亞南
出　　版　漫遊者文化事業股份有限公司
地　　址　台北市103大同區重慶北路二段88號2樓之6
電　　話　(02) 2715-2022
傳　　真　(02) 2715-2021
服務信箱　service@azothbooks.com
網路書店　www.azothbooks.com
臉　　書　www.facebook.com/azothbooks.read

發　　行　大雁出版基地
地　　址　新北市231新店區北新路三段207-3號5樓
電　　話　(02) 8913-1005
訂單傳真　(02) 8913-1056
初版一刷　2021年12月
二版一刷　2025年2月
定　　價　台幣450元

ISBN　978-626-409-074-2

國家圖書館出版品預行編目 (CIP) 資料

宗教的40 堂公開課：無論你是否擁有信仰, 都可以用宗教解答人類對自身和宇宙的疑惑 / 理查. 哈洛威 (Richard Holloway) 著；林金源, 廖綉玉譯. -- 二版. -- 臺北市：漫遊者文化事業股份有限公司出版；新北市：大雁出版基地發行, 2025.02
336 面；14.8×21 公分
譯自：A little history of religion.
ISBN 978-626-409-074-2(平裝)
1.CST: 宗教史
209　　114001157